Walter Simon

30 Minut

Ziele realisieren

Bibliografische Information der Deutschen Nationalbibliothek

Die Deutsche Nationalbibliothek verzeichnet diese Publikation in der Deutschen Nationalbibliografie; detaillierte bibliografische Daten sind im Internet über http://dnb.d-nb.de abrufbar.

Umschlaggestaltung: die imprimatur, Hainburg
Umschlagkonzept: Martin Zech Design, Bremen
Lektorat: Hille & Schäfer, Freiburg
Satz: Zerosoft, Timisoara (Rumänien)
Druck und Verarbeitung: Salzland Druck, Staßfurt

4., überarbeitete Auflage 2012

Hinweis:
Das Buch ist sorgfältig erarbeitet worden. Dennoch erfolgen alle Angaben ohne Gewähr. Weder Autor noch Verlag können für eventuelle Nachteile oder Schäden, die aus den im Buch gemachten Hinweisen resultieren, eine Haftung übernehmen.

Printed in Germany

ISBN 978-3-86936-387-5

In 30 Minuten wissen Sie mehr!

Dieses Buch ist so konzipiert, dass Sie in kurzer Zeit prägnante und fundierte Informationen aufnehmen können. Mithilfe eines Leitsystems werden Sie durch das Buch geführt. Es erlaubt Ihnen, innerhalb Ihres persönlichen Zeitkontingents (von 10 bis 30 Minuten) das Wesentliche zu erfassen.

Kurze Lesezeit

In 30 Minuten können Sie das ganze Buch lesen. Wenn Sie weniger Zeit haben, lesen Sie gezielt nur die Stellen, die für Sie wichtige Informationen beinhalten.

- Alle wichtigen Informationen sind blau gedruckt.

- Schlüsselfragen mit Seitenverweisen zu Beginn eines jeden Kapitels erlauben eine schnelle Orientierung: Sie blättern direkt auf die Seite, die Ihre Wissenslükke schließt.

- *Zahlreiche Zusammenfassungen innerhalb der Kapitel erlauben das schnelle Querlesen.*

- Ein Fast Reader am Ende des Buches fasst alle wichtigen Aspekte zusammen.

- Ein Register erleichtert das Nachschlagen.

Inhalt

Vorwort

Deutschlands Berufsmotivatoren müssen sich nun selbst motivieren. Das Interesse an ihren Hypno-und Suggestionsrezepten schwindet. Die Verurteilung des „Nationalmotivators" Jürgen Höller und die Pleite des „Moneymakers" Bodo Schäfer nahmen den Erfolgspropheten von Ratelband über Strunz und Löhr bis hin zu Enkelmann und Robbins die Glaubwürdigkeit. Die Gefolgschaft der erfolglos Erfolgsuchenden ist enttäuscht und demotiviert.

Die „Motivations-Anabolika" der Illusionsverbreiter, ein Gemisch aus Esoterik, positivem Denken, „Motivations-Clownerie" und „Successologie" mit viel Gebrüll, Gehopse und selbst applaudierendem Geklatsche erwies sich als unwirksam. Der spiritistischen Illusionskultur des letzten Jahrzehnts ist jetzt eine Kultur des auf Vernunft basierten Denkens entgegenzustellen.

Wer Erfolg will – was auch immer mit diesem Begriff verbunden wird – muss wieder zu den bewährten Werkzeugen greifen. Dazu gehört das Instrument „Ziele setzen". Es zählt zu den Grundwerkzeugen wie Hammer und Kneifzange im Werkzeugkasten.

Aber wie man mit dem Hammer allein kein Haus oder Möbelstück bauen kann, so wenig reicht die Zielformulierung für sich allein aus, um den angestrebten Zustand zu erreichen. Ein Ziel ist aber zugleich auch ein gutes Fundament, aus dem ein realistischer Plan abgeleitet werden kann.

Dieses Buch ist kurz und knapp gehalten, um Theorie und Praxis in ein wirtschaftlich ausgewogenes Verhältnis zu bringen. 30 Minuten Zeitinvestition reichen aus, um die Grundarchitektur von Zielen kennenzulernen und sein eigenes Zielgebäude zu errichten.
Aber dieses Buch hat nur den Charakter eines Schleifsteins, an dem Sie Ihr Messer schärfen können. Schneiden müssen Sie selber. Das Lesen dieses Buchs ist sicherlich eine Hilfe, aber es ändert nichts am gegebenen Zustand. Nach den 30 Minuten Lektüre sind Sie gefordert, täglich mindestens 30 Minuten an Ihren Zielen zu arbeiten. Viel Erfolg dabei!

Walter Simon

30 MINUTEN

1. Leitbilder, Visionen, Strategien und Ziele

Der Begriff „Ziel" wird häufig sehr allgemein gebraucht, ohne genau zu differenzieren, ob es sich eher um ein langfristiges oder um ein kurzfristiges Ziel handelt, also eher um eine Strategie oder um eine taktische Maßnahme. Als Folge hiervon werden Äpfel mit Birnen verglichen.

Ziele basieren zumeist auf übergeordneten Prinzipien und Werten oder es liegt ihnen eine Vision und eine sich daraus ergebende Strategie zu Grunde. Diese Hierarchie muss man kennen, um Ziele zu formulieren, abzuleiten oder zuzuordnen.

1.1 Leitbilder

Ein Leitbild drückt kurz, präzise und verständlich aus, welche Werte für einen Menschen oder eine Organisation wichtig oder verbindlich sind und in welche Richtung sie sich orientieren. Es handelt sich dabei um eine Art Grundbotschaft mit Aussagen über die Art und Weise des Umgangs mit Mitarbeitern, Kunden, Lieferanten, gegebenenfalls auch Mitbewerbern und der Öffentlichkeit. Mitarbeiter erhalten durch Leitbilder eine grobe Orientierung im Dickicht der Unübersichtlichkeit. Im Idealfall haben Leitbilder sogar eine emotionalisierende Wirkung, um das Denken und Verhalten von Menschen zu stimulieren, vor allem im Sinne einer strategischen Groborientierung. Das Leitbild ist ein klares, fixiertes Bild der Gegenwart und der nahen Zukunft. Es kann primär nach außen (Kunden, Lieferanten, Öffentlichkeit) oder nach innen (Belegschaft) gerichtet sein.
Der IBM-Gründer Watson sagte einmal über den Wert solcher Grundsätze: „Ich bin fest davon überzeugt, dass jedes Unternehmen, um zu überleben, um erfolgreich zu sein, einen soliden Bestand an Grundüberzeugungen braucht, von denen es sich bei allen Entscheidungen und Maßnahmen leiten lässt."
Leitbilder enthalten also Soll-Vorstellungen über die erstrebenswerte Lebensgestaltung oder Unternehmensausrichtung (z. B. „Wir streben die Marktführerschaft an"). Zu diesem Zweck werden realisierbare, aber noch nicht vorhandene Zustände (Fernziele) beschrieben.

Auch Sie sollten sich darüber klar werden, welche Werte Ihnen wichtig sind und warum. Wenn Ihnen Ihre

- persönlichen Werte bewusst sind, können Sie
- bewusste Ziele formulieren und
- unbewusste Reflexe vermeiden,
- zielbewusste Entscheidungen treffen, um
- bewusst zu handeln.

Genau genommen ist das Leitbild ein Führungsinstrument der persönlichen oder unternehmerischen Rahmenplanung, mit dem Grundsätze, Verhaltenserwartungen, Gebote usw. in expliziter Weise formuliert werden. Es dient als Orientierungsrahmen für die strategischen und operativen Entscheidungen eines Menschen oder einer Organisation.
Die Aussagen eines Leitbildes richten sich an die eigenen Mitarbeiter, an Kunden, Lieferanten, Aktionäre und an die Öffentlichkeit. Insofern kommt ihm eine Orientierungsfunktion zu, vor allem für Mitarbeiter und Führungskräfte. Zugleich hat es auch eine zentrale Funktion bei der Imagebildung des Unternehmens.

Inhalte von Leitbildern

Inhalte eines Unternehmensleitbildes sind die allgemeinen Ziel- und Zweckvorstellungen des Unternehmens sowie Aussagen über bestimmte Verhaltensweisen. Dazu gehören Aussagen über Qualität, Preisniveau, Marktstellung, Neuheitscharakter, Serviceleistungen, geographische Reichweite, Verhalten gegenüber dem politischen System und der Umwelt. Hierbei muss ein Kompromiss zwischen technisch machbaren, wirtschaftlich sinnvollen und sozial verträglichen Zielen gefunden werden.

GRUNDWERTE
des Unternehmens oder
LEITBILD
(gilt langfristig und allgemein)
⇩
VISION
Konturen
(5-Jahres-Horizont)
⇩
STRATEGIE
(2-3-Jahres-Horizont)
⇩
ZIELE
(1- Jahres-Horizont)
⇩
MASSNAHMEN
(sofort)

Der Blick in die Leitbilder von Unternehmen zeigt, dass diese ganz unterschiedliche Punkte betonen. Einige pointieren den Qualitätsaspekt, andere die Innovationsfähigkeit und manche das Verhältnis zur Gesellschaft.
Ganz grob kann man die Inhalte von Leitbildern folgendermaßen einordnen:

- Unternehmenspolitische Grundsätze und strategische Missionen. Sie dienen als Vorgabe für Aktivitäten.

- Strukturgrundsätze der Unternehmungsverfassung, der Aufbauorganisation und der Managementsysteme. Hier werden die Rahmenbedingungen für die Mitarbeiter gesetzt.
- Verhaltensgrundsätze für die Führung und Zusammenarbeit. Sie enthalten zumeist eine Darstellung der Führungsaufgaben, verbunden mit Aussagen zum gewünschten Führungsverhalten.

Funktion von Leitbildern

Leitbilder wirken wie Magneten oder auch, im zwischenmenschlichen Bereich, wie Vorbilder. Darum haben sie eine wichtige Funktion, um Menschen eine Orientierung zu geben.

Orientierungs- und Stabilisierungsfunktion: Das Leitbild kann gegebenenfalls dazu beitragen, Zukunftsängste abzubauen, und es soll die Summe individueller Verhaltensweisen in eine gemeinsame Richtung gehend lenken und stabilisieren. In diesem Zusammenhang bietet es eine Perspektive, wie die Unternehmenskultur in Zukunft beschaffen sein soll.

Motivations- und Identifikationsfunktion: Leitbilder können eine Zielmotivation schaffen und die Identifikation mit dem Unternehmen verstärken.

Sinngebungsfunktion: Ein Leitbild formuliert in der Regel auch den Sinn der Unternehmung. Bei den Beteiligten soll Einigkeit sowohl im Denken als auch im Wollen bestehen.

Imagefunktion: Leitbilder sollen die vielfältigen Bemühungen zur Imagebildung des Unternehmens in seinem Umfeld unterstützen.

Legitimationsfunktion: Die verschiedenen Interessen werden über die handlungsleitenden Grundsätze aufgeklärt und diese zugleich begründet.

Unternehmungskulturelle Transformationsfunktion: Leitbilder werden auch als Instrument unternehmungskultureller Transformation beim Übergang der bestehenden Kultur zur intendierten Soll-Kultur genutzt

Mögliche Dysfunktionen von Leitbildern

In vielen Leitbildern wimmelt es nur so von Glaubensbekenntnissen und irrealen Wunschbildern, die das Gefühl trügerischer Sicherheit vermitteln (zum Beispiel: „Wir sind Spitzenreiter unserer Branche"). Ebenso häufig trifft man auf Leerformeln (zum Beispiel: „Wir streben nach Fortschritt") und kosmetische Schönfärberei (zum Beispiel: „Der Mitarbeiter steht bei uns im Mittelpunkt").
Viele Leitbilder haben eine eher kontraproduktive Wirkung wegen ihrer fehlenden Glaubwürdigkeit, beispielsweise wenn Mitarbeiter „verknöcherter" Unternehmen lesen: „Unsere Führungskräfte sind Vorbilder und Impulsgeber für den Fortschritt".

Inhaltliche Anforderungen an Leitbilder

Um Dysfunktionen zu vermeiden, sollten Leitbilder die folgenden Anforderungen erfüllen:

Allgemeingültigkeit: Entscheidungsregeln sollen in vielen zukünftigen Führungssituationen anwendbar sein und sich nicht lediglich auf Einzelfälle oder eng abgegrenzte Teilbereiche der Unternehmung beziehen.

Wesentlichkeit: Leitbilder sollen das Wichtige, Bedeutende, Grundsätzliche des zukünftigen Unternehmungsgeschehens beeinflussen, aber keine Randaspekte.

Vollständigkeit: Die im Leitbild formulierten Regeln sollen sich nicht nur auf die anzustrebenden Ziele, sondern auch auf das einzusetzende Leistungspotenzial und die einzuschlagende Strategie beziehen, ohne jedoch in Widerspruch zur Allgemeingültigkeit zu geraten.

Wahrheit: Der Inhalt von Leitbildern muss den wirklichen Auffassungen und Absichten der obersten Führungskräfte entsprechen und durch deren eigene Entscheidungen und Handlungen sichtbar bestätigt werden.

Realisierbarkeit: Die Unternehmenspolitik muss sich an den zukünftigen „Umweltbedingungen" und den unternehmungseigenen Möglichkeiten orientieren. Das bedeutet, dass Ziele grundsätzlich realisierbar sein müssen.

Konsistenz: Die Unternehmungspolitik wird auf der Grundlage sehr vieler Entscheidungen realisiert. Um die beabsichtigte Koordinationswirkung zu erzielen, müssen die Einzelziele in einem harmonischen Verhältnis zueinander stehen. Entscheidungen dürfen sich nicht widersprechen.

Klarheit: Unternehmenspolitische Grundaussagen sollen so formuliert werden, dass bei ihrer Interpretation und Konkretisierung keine Missverständnisse auftreten.

Voraussetzungen für die Einführung von Leitbildern

Es reicht nicht, ein Leitbild einfach zu proklamieren. Um es wirksam zu machen, sind die folgenden Voraussetzungen zu erfüllen:

Schriftlichkeit: Leitbilder müssen schriftlich formuliert werden, um ihnen einen programmatischen Charakter zu verleihen. Die Vorteile bestehen unter anderem darin, dass die gesamte Belegschaft an die Einhaltung der aufgestellten Leitlinien erinnert wird. Das Problembewusstsein wird aktiviert und die Kommunikation erleichtert. Daraus resultiert ein gewisser Druck auf die ganze Belegschaft, das Leitbild praktisch umzusetzen.

Normalität: Ein holperig formuliertes, auf normalem Papier niedergeschriebenes, von vielen Mitarbeitern mitverfasstes Leitbild ist in der Regel transferwirksamer als ein unter Zuhilfenahme einer Werbeagentur geschliffen formuliertes Leitbild, das in Hochglanzbroschüren im Unternehmen verteilt wird.
Das Entscheidende am Leitbild ist nicht das Leitbild selbst, sondern die damit verbundene Erwartung an das Verhalten. Darum sind die „Verhaltensakteure", also die Mitarbeiter, in den Entstehungs- bzw. Dis-

kussionsprozess möglichst einzubeziehen. Natürlich stößt dies je nach Unternehmensgröße auf Hindernisse. Ist eine umfassende Partizipation nicht möglich, muss zumindest ausgiebig informiert werden. Vertrauensbildung, Konsensfindung und Identifikation sind zwingend notwendig, um Leitbilder als Wegweiser nutzen zu können.

Einführung: Die Einführung von Leitbildern kann im Gegenstromverfahren von „oben nach untern" *(top-down)* wie auch von „unten nach oben" *(bottom-up)* erfolgen. Zunächst könnte die Führungsmannschaft einer Organisation ihre Sollvorstellungen formulieren, aber auch der umgekehrte Weg, von der Mitarbeiterebene her, wäre denkbar. Wichtig ist, dass die obere Ebene die Sichtweisen der darunter liegenden Ebenen und diese die der oberen Ebene erfahren. Dabei ist der Dialog und ein Abgleich zwischen den hierarchischen Ebenen wichtig.

Begleitende Maßnahmen: Um Leitbilder wirksam werden zu lassen, bedarf es begleitender Maßnahmen, zum Beispiel Leitbildwerbung oder Training, eventuell sogar eines Leitbildbeauftragten. Am wichtigsten sind jedoch die „lebendigen Leitfiguren". Wenn sich Führungskräfte nicht als Impulsgeber und Vorbilder für die Leitphilosophie erweisen, dann entlarven sich die schönsten Formulierungen des Leitbildes als plakative Fassade.

Unternehmen sollten sich davor hüten, einen Proklamationsdschungel entstehen zu lassen. Manche Unternehmen verfügen über ein allgemeines Leitbild, zusätzlich über ein Qualitätsleitbild, ein Innovationsleitbild, einige

Grundaussagen zur Kundenorientierung, eine schriftliche Vision und Ähnliches. Hier verkehrt sich der Zweck des Leitbildes, Einheitlichkeit zu schaffen, in sein Gegenteil. Je knapper, kürzer und präziser das Leitbild ist, umso größer ist die Chance der Umsetzung.
Damit ein Leitbild tatsächlich der Unternehmensphilosophie entspricht und somit ein wirksamer Bestandteil der gelebten Unternehmenskultur wird, sollten folgende Fragen mit „Ja" beantwortet werden:

1. Hat Ihre Organisation ihr Leitbild selbst erarbeitet?
2. Wird das Leitbild von den Mitarbeitern akzeptiert und gegebenenfalls verteidigt?
3. Ist das Leitbild konkret formuliert?
4. Ist das Leitbild allgemein gültig?
5. Bezieht sich das Leitbild auf einen langen Zeithorizont?
6. Findet das Leitbild seinen Ausdruck im Verhalten des Unternehmers und/oder der obersten Führungskräfte?
7. Lässt sich die Einhaltung der Unternehmensgrundsätze überprüfen?

30 *Ein Leitbild drückt kurz und präzise aus, von welchen Werten sich ein Mensch oder eine Organisation leiten lässt und wohin er/sie sich orientiert. Es stellt einen Orientierungsrahmen für alle strategischen und operativen Entscheidungen dar. Unternehmensleitbilder müssen allgemein gültig,*

wahr, vollständig, konsistent und realisierbar sein. Leerformeln, kosmetische Schönfärberei, irreale Wunschbilder und Glaubensbekenntnisse wirken kontraproduktiv.

1.2 Visionen

Eine Vision ist eine Zielvorstellung. Sie ist aber noch mit Unklarheiten bezüglich des Weges, der Strategie und Taktik behaftet. Dennoch besitzt sie einen langfristigen Ziel- und Richtungscharakter, vorausgesetzt, sie wird nicht nur gedacht, sondern auch aktiv kommuniziert. Menschen und Unternehmen, die erfolgreich bleiben wollen, benötigen anschauliche Visionen.
Das meinte auch der ehemalige Bundespräsident Roman Herzog in seiner Grundsatzrede „Aufbruch in das 21. Jahrhundert“: „Wir brauchen wieder Visionen (...). Sie können unglaubliche Kräfte mobilisieren (...). Durch Deutschland muss ein Ruck gehen.“

Begriffsklärung

Lexika definieren den Begriff „Vision“ im Sinne von „geistiger Schau, Sinnestäuschung, Erscheinung in religiöser oder künstlerischer Verzückung“.
Visionäres Denken ist Denken außerhalb der Norm, ohne Schere im Kopf. Visionen sind das Ergebnis kreativer Höchstleistungen, ohne als skurril oder absurd empfunden zu werden. Sie sind innere Bilder einer

künftigen Wirklichkeit, die realisierbar, heute aber noch nicht Realität ist. Die Visionen dürfen nicht zu weit von der Problemlösung entfernt sein, um auch kleine Schritte des Erfolgs wahrnehmen zu können.
In den meisten betriebswirtschaftlichen Lexika wird der Begriff „Vision“ oder „Visionsmanagement“ vernachlässigt. Eher wird man in der BWL-Literatur fündig. Dort wird der Begriff „Vision“ nicht nur im Sinne kreativer Höchstleistungen definiert, sondern auch als eine große Entdeckung, welche die Zukunft vorwegnimmt. Eine Vision soll auf lange Zeit Anregung und Ansporn bleiben und neue Dimensionen setzen.

Sinn und Zweck einer Unternehmensvision

Eine Vision darf sich nicht an die Schranken von heute halten. Sie dient einer einzelnen Person oder einer Organisation als Richtungsweisung und soll Grenzen überwinden. Die Vision muss aktives Handeln fördern und reaktives Handeln bremsen. Die klare und deutliche Benennung der Entwicklungsrichtung soll die Mitarbeiter nicht nur lenken, sondern sie auch mit Stolz erfüllen.
Visionäre Zukunftsbilder richten sich zwar an Einzelpersonen, sollen aber eine kollektive Kraft entfalten. Um dies zu erreichen, wird gezieltes Visionsmanagement betrieben, denn die ganze Organisation soll motiviert und zielorientiert gesteuert werden.
In den USA erschien im Herbst 1998 ein Buch mit dem Titel „Lessons from the top“. In dieser empirischen Stu-

die der erfolgreichsten amerikanischen Persönlichkeiten kommen die Autoren Thomas J. Neff und James C. Citrin zu dem Ergebnis, dass deren Erfolge unter anderem auf ihrer Fähigkeit zu Visionen und großen Ideen beruhen. Auch verstünden sie es hervorragend, ihr Umfeld für ihre Ideen zu begeistern.
Dazu muss die Vision ein Zukunftsbild darstellen, das von den Organisationsangehörigen angestrebt werden soll. Auslöser ist die Notwendigkeit zu Innovation und Leistungssteigerung, um die eigene Wettbewerbsposition zu sichern. Aus diesem Grund wird die Vision oft mit Unternehmens-Leitsätzen und/oder Richtlinien (zum Beispiel Führungsgrundsätzen) verknüpft. Damit soll nicht nur die Richtung vorgegeben werden, sondern auch die Art, wie die Vision realisiert werden soll.

Anforderungen an eine Unternehmensvision

Um die in einer Vision schlummernden Energien zu aktivieren, müssen Visionen folgende Anforderungen erfüllen: Visionen müssen

1. inspirieren,
2. herausfordern,
3. dem Markt sinnvoll erscheinen,
4. fortwährend herausgefordert und angepasst werden,
5. wie eine Art Leuchtfeuer bzw. Fanfare wirken und Orientierung und Halt bieten,
6. auf die Motivation der Mitarbeiter zielen,

7. für die Zukunft vorbereiten, aber auch der Vergangenheit Anerkennung zollen,
8. im Detail gelebt statt breit vertreten werden.

Das Bildliche ist dabei wichtig, denn der Mensch ist ein „Augentier". „Ein Bild sagt mehr als 1.000 Worte", lautet ein altes chinesisches Sprichwort. Mit der bildlichen Vorstellung, den besten Oberklasse-Pkw zu bauen, kann man einen BMW-Werker eher begeistern als mit der Vision, den Kurs der BMW-Aktie in den nächsten drei Jahren zu verdoppeln.
Saint-Exupéry hat das sehr schön formuliert: „Wenn du ein Schiff bauen willst, dann trommele nicht Männer zusammen, um Holz zu beschaffen, Aufgaben zu vergeben und die Arbeit einzuteilen, sondern lehre die Männer die Sehnsucht nach dem weiten, endlosen Meer."

Der Nutzen von Visionen

Dass eine Idee zur materiellen Kraft werden kann, zeigt die Menschheitsgeschichte. Revolutionen waren immer von Visionen im positiven und leider auch im negativen Sinne geleitet, die den Revolutionären als Energiebrunnen dienten. Die einen träumten von einem Vereinten Europa, die anderen vom Großdeutschen Reich. Die 68er-Bewegung bezog ihre Kraft aus gesellschaftlichen Visionen bzw. aus dem, was Ernst Bloch „Das Prinzip Hoffnung" nannte.
Eine Idee kann auch in Organisationen zur materiellen Kraft werden, sobald sie die Mitarbeiter ergreift. Visio-

nen sind menschliche Energie, die es zu nutzen gilt. Sie sind eine Art Kompass, der dafür sorgt, dass Management und Mitarbeiter eines Unternehmens die richtige Richtung finden.Wichtig ist aber, dass Visionen schriftlich formuliert und unternehmensintern publiziert werden. Zwischen denjenigen Firmen, die keine Vision haben, und denjenigen, die nur eine mündliche Vision besitzen, zeigen empirische Daten keine merklichen Differenzen im Unternehmenserfolg.
Ergo: In der schriftlichen Fixierung liegt offenbar der besondere Wert. Ist das erfüllt, dann erzielt ein solches Unternehmen in der Regel einen höheren Umsatz, erwirtschaftet eine höhere Rendite und schreibt bei Innovationen schneller schwarze Zahlen als visionslose Unternehmen.

Fazit: Aus Visionen müssen Ziele werden.

Der Unterschied zwischen dem Leitbild, der Vision und dem Ziel liegt in der Konkretheit der jeweiligen Absicht. Von der Vision über die Strategie bis hin zum operativen Ziel wird die Absicht Schritt für Schritt konkreter. Die der Vision folgenden Stufen wären die Strategie, dann die sich daraus ergebenden Ziele und daraus folgend die praktischen Maßnahmen (s. Abb. auf Seite 12). Erst wenn die Ziele qualifiziert, quantifiziert und terminiert, also soll/ist-fähig sind, besitzt ein Unternehmen einen Wegweiser für sein Handeln und die Mitarbeiter den notwendigen roten Faden für ihr Tun.

30 *Eine Vision hat Ziel- und Richtungscharakter, allerdings noch mit gewissen Unschärfen bezüglich des Weges, der Mittel und der Strategie. Sie dient als Wegweiser zu neuen Ufern oder als Zukunftsbild, um so Menschen für neue und anspruchsvolle Ziele zu stimulieren.*
Um eine Vision zur kollektiven Kraft zu machen und die ganze Organisation zu aktivieren, betreiben Unternehmen Visionsmanagement.

1.3 Strategien

Die Literatur bietet eine Vielzahl von Definitionen für den Begriff „Strategie", sodass die Gefahr der begrifflichen Beliebigkeit droht. Sprachlich gesehen stammt der Begriff „Strategie" aus dem Griechischen. Er geht auf die beiden Worte *stratos* (Heer) und *agein* (führen) zurück und meint demnach die „Kunst der Heerführung" oder die „Feldherrenkunst".
Im 19. Jahrhundert wurde der Begriff von dem preußischen General Carl von Clausewitz aufgegriffen und im militärwissenschaftlichen Zusammenhang als „Gebrauch des Gefechts zum Zwecke des Krieges" definiert. „Taktik ist die Kunst, Truppen in der Schlacht richtig einzusetzen. Strategie ist die Kunst, Schlachten richtig einzusetzen, um Kriege zu gewinnen."

Strategie als Folge von Einzelschritten

1947 übertrugen John von Neumann und Oskar von Morgenstern den Strategiebegriff auf die von ihnen entwickelte „Spieltheorie" und definierten ihn als „Folge von Einzelschritten, die auf ein bestimmtes Ziel hin ausgerichtet sind". Insofern ist die Strategie eine besondere Form des Plans. Durch sie werden die jeweiligen Schritte bzw. Maßnahmen für jede spezielle Situation festgelegt. Für Reaktionen aus dem Umfeld gibt es also eine „geplante" Antwort.

Schachspieler spielen strategisch, d. h. sie haben festgelegte Spielzüge für jede Art der Eröffnung und Verteidigung. Für den weiteren Spielverlauf verfügen sie über Teilstrategien, die es ihnen ermöglichen, den Gegner matt zu setzen. Gute Schachspieler unterscheiden sich von weniger guten v. a. durch ihren großen Vorrat an Teilstrategien. Eine Gesamtstrategie ergibt sich oft einfach nur aus dem Zusammenfügen von Teilstrategien.

Sollten Sie sich schon vorher überlegt haben, wie Sie in einer bestimmten Situation reagieren werden, dann wurde Ihr Plan um eine Strategie angereichert. Sie müssen in einer solchen Situation nicht jedes Mal neu überlegen, wie Sie sich verhalten sollen, denn Ihre Entscheidungen haben Sie schon vorher festgelegt, zumindest in den Grundzügen. Mit solchen strategischen Grundorientierungen sind Sie denjenigen gegenüber im Vorteil, die konzeptlos entscheiden.

Natürlich können ein guter Plan und die beste Strategie nicht alle Ereignisse, die eintreten könnten, im Voraus berücksichtigen, aber Sie ziehen sie zumindest in Betracht und bereiten jene Waffen vor, die man im Augenblick der Überraschung benötigt.

Strategie als Maßnahme zur Sicherung des langfristigen Unternehmenserfolgs

In den sechziger Jahren wurde der Strategiebegriff in die Führungstheorie übertragen. Von nun an verstand man unter einer Strategie „Maßnahmen zur Sicherung des langfristigen Unternehmenserfolgs". Strategie galt fortan als die Kunst, alle Kräfte eines Unternehmens so zu entwickeln und einzusetzen, dass ein möglichst profitables, langfristiges Überleben gesichert wird. Bei allen anderen Definitionsangeboten seit jener Zeit wurde nur der Blickwinkel verändert bzw. angereichert, aber die Grundidee der langfristigen Unternehmenssicherung beibehalten.
In allen Erklärungsansätzen zum Thema Strategie finden sich überdies folgende Gemeinsamkeiten:

Langfristigkeit: Strategien sind auf lange Sicht konzipiert, das heißt mit ihnen werden Langfristziele verfolgt. Der Zeitraum der strategischen Planung beträgt im Allgemeinen acht bis zehn Jahre.

Orientierung an den Unternehmenszielen: Strategien werden auf Basis der grundlegenden Unternehmensziele entwickelt, die sich wiederum aus der Unternehmensvision ableiten. Sie stellen als Maßnahmen zur Erreichung der Unternehmensziele somit eher den Weg, als das eigentliche Ziel dar.

Beobachtung des Unternehmensumfeldes: Strategische Entscheidungen werden stets unter Berücksichtigung der Aktivitäten relevanter Marktteilnehmer getroffen.

Anpassungsfähigkeit: Auf Grund ihres Langfristcharakters können unvorhersehbare unternehmensinterne und -externe Entwicklungen eintreten, die eine flexible Anpassung der Strategien erforderlich machen. Strategien bedürfen daher einer permanenten Überwachung.

Planung und Abstimmung der strategischen Ziele: Da sich strategische Ziele auf das Unternehmen als Ganzes beziehen, ist es erforderlich, diese bewusst zu planen und innerhalb des Unternehmens abzustimmen, um auf diese Weise Zielkonflikten vorzubeugen.

Strategie als Aufgabe der obersten Führung: Strategien liegen auf Grund ihrer wesentlichen Bedeutung für die langfristige Entwicklung des Unternehmens im Aufgabenbereich des Top-Managements.

Mit einer Strategie will ein Unternehmen seine Mission erfüllen bzw. seine Ziele erreichen. Während sich die Strategie zu Clausewitz' Zeiten einzig auf die Auswahl der Mittel bezog, um vorgegebene Ziele zu erreichen, schließt sie heute zusätzlich die Strategieentwicklung und Zielplanung mit ein.

Empfehlungen: Strategieformulierung

Die Suche nach besseren und erfolgsträchtigeren Lösungen und Methoden führte im Laufe der letzten zwei Jahrzehnte zur Entstehung zahlreicher Strategieempfehlungen und Konzepttools. Das trug eher zur Verwirrung als zur Klärung bei. Darum sind Unternehmensführer gut beraten, die folgenden Aspekte bei der Strategiefindung zu berücksichtigen:

1. Die von den „Strategiegurus" propagierten Rezepte sind kritisch zu hinterfragen, denn „jedes Medikament hat Nebenwirkungen".
2. Es gibt keine strategische Standardlösung. So wie ein gutes Fahrrad an den Radfahrer angepasst wird, so muss auch die Strategie auf die Organisation zugeschnitten werden.
3. Der Aufwand zur Umsetzung von Konzepten darf nicht unterschätzt werden. So begeisterten sich in anfänglicher Euphorie rund 50 Prozent der amerikanischen Großunternehmen für radikales Prozessmanagement (Business Reengineering). Von diesen Projekten führten nach verschiedenen Schätzungen etwa zwei Drittel nicht zum erwarteten Erfolg.
4. Zudem stellt die richtige Managementstrategie von heute nicht zwingend auch noch morgen das Erfolgsrezept dar. Die Komplexität der Unternehmensumwelt macht es erforderlich, Strategien und Konzepte regelmäßig zu überprüfen und sich gegebenenfalls von ihnen zu verabschieden.

In einem dynamischen Umfeld, dessen Trends immer weniger bestimmbar sind, können sich Unternehmen nicht mehr den Luxus eines akribisch genauen Planungsprozesses leisten. Fünf- und Zehnjahrespläne mit exakten Bestimmungen der Zwischenziele beruhen auf einem linearen Strategieverständnis, bei dem der Weg von der Vision über die Planung und Entscheidungen, Handlungen und Kontrollen zu (möglichst) schwarzen Bilanzzahlen führt.

In einem „turbodynamischen" Umfeld benötigen Unternehmen eine andere Strategie, nämlich eine solche, bei der die Feinabstimmung der Reflexe sowie die Suche nach bzw. der Aufbau von temporären Chancen im Mittelpunkt stehen.

Die Strategieformulierung kann somit als ein nie endender Prozess des Lernens und des Suchens nach besseren Mitteln und Wegen verstanden werden, um das langfristige und möglichst erfolgreiche Überleben eines Unternehmens sicherzustellen.

Eine Strategie ist eine definierte Folge von Einzelschritten, die auf ein übergeordnetes Ziel hin ausgerichtet sind. In ihr sind die Maßnahmen für jede spezielle Situation festgelegt. Sie ist aber kein dogmatisch feststehendes Glaubensbekenntnis. 30

1.4 Ziele

Viele Menschen wollen etwas Bestimmtes tun, nur kommen sie nie dazu. Sie wollen, möchten, müssten, könnten ..., aber sie setzen nie etwas in die Tat um. Andere wollen jeden Morgen neu, wenn sie auf der Waage stehen, endlich ihr Übergewicht bekämpfen. Sie schaffen das genauso wenig wie Millionen anderer Menschen, die in der Silvesternacht gute Vorsätze fassen, sie aber nie umsetzen.
An einem Tag im Jahr werden Ziele gesetzt, um sie an den anderen 364 Tagen wieder zu vergessen. Wohl darum prägte Oscar Wilde dieses schöne Sprichwort: „Gute Vorsätze sind die Schecks, die die Menschen auf einer Bank ausstellen, bei der sie kein Konto haben." Das muss nicht sein, wenn es Ihnen gelingt, aus guten Vorsätzen realistische Ziele zu machen.

Was unterscheidet Absichten von Zielen?

Natürlich entscheiden Ihre Selbstdisziplin, Ihr Wille und die persönliche Notwendigkeit mit darüber, ob Sie einen Wunsch realisieren. Wichtiger ist aber, dass Sie Ihre Wünsche, Absichten und Hoffnungen konkretisieren und präzisieren, also Sollgrößen angeben, die erreicht werden sollen.
Sie sollten außerdem den Nutzen imaginieren, das heißt sich ihn bildlich vorstellen. Angenommen, Sie wollen abnehmen, dann sehen Sie gedanklich Ihre schlanke Figur, die neuen Kleider, die Sie tragen kön-

nen, und die Selbstsicherheit, die daraus resultiert. Auch müssen Sie den Zeitraum bestimmen, in dem Sie etwas erreichen wollen. Selbst in Unternehmen scheitern Projekte oft, weil sie nicht konkret genug umrissen wurden. Woran liegt das?
Absichten und gute Vorsätze werden meistens nicht umgesetzt, weil es nicht gelingt, aus ihnen ein konkretes und handlungswirksames Ziel zu formulieren. Vorsätze, Wünsche und Absichten dürfen Sie nicht mit Zielen verwechseln. Zwischen einem Wunsch, einer Absicht und einem konkreten Ziel bestehen Unterschiede. Hierzu drei Beispiele:

A. Ein Wunsch
Ein Arzt, der einen todgeweihten Krebspatienten behandelt, hat den Wunsch, dass sein Patient nicht stirbt, obwohl er weiß, dass dieser nur noch wenige Wochen leben wird.

B. Eine Absichtserklärung
Der gute Vorsatz des Herrn Meier für das kommende Jahr lautet: „Ich werde im neuen Jahr mehr für meine Gesundheit tun." Es stellt sich die Frage, was er konkret zu tun gedenkt, denn die Gesundheit ist ein umfassender Bereich.

C. Eine Zielformulierung
Frau Müller sagt: „Ich werde im kommenden Jahr durch täglichen Sport und eine 1.000 kcal Diätkost meinen Blutdruck auf 90 zu 120 bringen." Hier sind die Maßnahmen und der Endzustand exakt beschrieben.

Vages Wunschdenken, verschwommene Hoffnungen und laufend erneuerte Absichtserklärungen führen Sie dem angestrebten Endzustand nicht näher. Erfolgreiches Arbeiten beginnt mit dem bewussten Setzen von Zielen. Erfolgsmenschen erkennt man an ihren klaren und bewussten Zielen. Ziele sind so gesehen der Maßstab, an dem erreichte Erfolge gemessen werden können, ebenso Misserfolge.

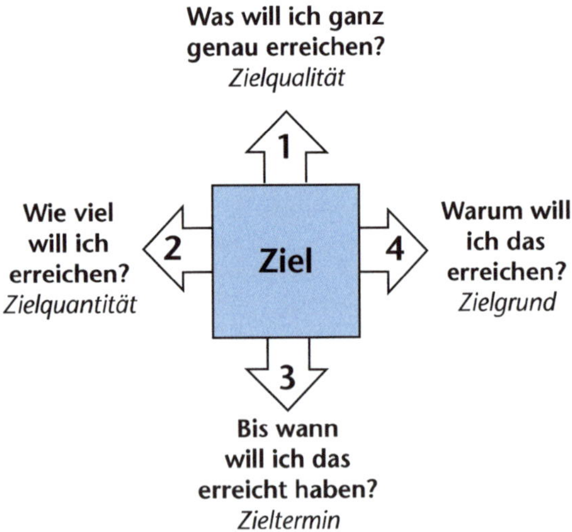

Was nützen Ziele?

Auch Sie sollten Ihre Vorsätze und Wünsche in Ziele umwandeln und diese als „Antreiber für Ihr Handeln" nutzen. Arbeiten Sie aktiv zielorientiert, statt reaktiv immer nur von anderen angestoßen! Mit Zielen sind Sie Subjekt

und nicht länger Objekt, sind Sie Schöpfer Ihrer selbst. Wenn Sie sich auf ein Ziel festgelegt haben, dann wissen Sie, warum Sie gerade in diese Richtung gehen, und lassen sich nicht mehr so leicht vom eingeschlagenen Weg abbringen. Außerdem: Wenn das Ziel klar ist, können Sie Wichtiges von Unwichtigem leichter unterscheiden.
Der römische Philosoph Seneca formulierte einmal sinngemäß: „Es gibt keinen günstigen Wind für den, der nicht weiß, wohin er segeln will." Das gilt auch für das Vorhandensein oder Nichtvorhandensein von Zielen. Also: Lernen Sie, in Zielen zu denken! Ersetzen Sie die Problemfixierung durch eine Zielorientierung.

Von der Problemfixierung zur Zielorientierung

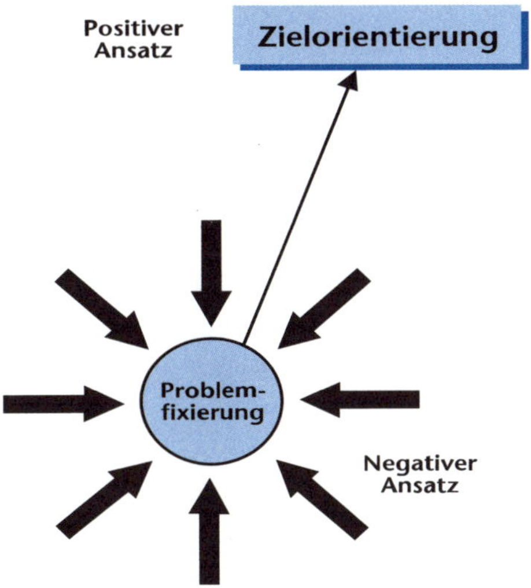

An dieser Stelle fordere ich Sie auf, jene Absichten oder Zukunftsvorstellungen aufzuschreiben, die Sie schon lange mit sich herumtragen. Bitte benutzen Sie dazu ein Blatt Papier oder schreiben Sie sie in Ihren Kalender oder Palmtop. Das setzt voraus, dass Sie wissen, was für Sie sinnvoll ist und Sie bereit sind, die Konsequenzen zu tragen.

30 ***Leitbilder, Visionen, Strategien und Ziele unterscheiden sich hinsichtlich ihres Konkretisierungsgrades voneinander. Während Leitbilder eher einen auf Werte basierenden Rahmen bieten und Visionen einen noch konturlosen Endzustand, weisen Strategien den Weg zum angestrebten Hauptziel, der von Zwischenzielen als „Meilensteine" markiert wird. Diese Etappen stehen in einer Mittel-Zweck-Beziehung zueinander, das heißt Ziele sind die notwendigen Zwischenergebnisse, um eine Vision zu realisieren. Andererseits bietet eine Vision erst den Anreiz, Ziele zu formulieren.***

Mit Zielen können Sie Wichtiges von Unwichtigem unterscheiden, können agieren und müssen nicht immer nur reagieren und können Fremdbestimmung durch mehr Selbstbestimmung abbauen.

Absichten oder gute Vorsätze sind keine Ziele, weil sie nicht präzise, nicht messbar und somit auch nicht kontrollierbar sind. Konkrete Ziele bzw. die sichtbaren Ergebnisse allein sind der Maßstab, an dem Erfolge gemessen werden können.

30 MINUTEN

2. Wie formuliert und prüft man Ziele?

Kennen Sie die Fabel vom Häschen, das sich zum Ziel setzte, glücklich zu werden? Ein Häschen nahm eines Tages seine gesparten 50 Mark, um sein Glück zu finden. Schon nach wenigen Metern traf es einen Dachs, der ihn fragte: „Hallo Kumpel, wohin willst du?" „Ich bin unterwegs, mein Glück zu suchen", antwortete das Häschen stolz. „Das hast du ja gut getroffen", sagte der Dachs, „für 20 Mark kannst du diese schnellen Laufschuhe haben, damit kommst du deinem Ziel viel schneller näher." „Ei, das ist ja prima", sagte das Häschen, bezahlte, zog die Laufschuhe an und lief anschließend doppelt so schnell von dannen.

Etwas später begegnete es einem Fuchs. Dieser fragte das Häschen: „Wo willst du denn hin?" „Ich bin auf dem Weg zu meinem Glück", antwortete das Häschen. „Da hast du es ja gut getroffen", erwiderte der Fuchs, „für ein kleines Trinkgeld überlasse ich dir dieses Fahrrad, damit kommst du noch schneller an dein Ziel."

Von den restlichen 30 Mark kaufte das Häschen das Fahrrad und sauste mit großer Geschwindigkeit durch

den Wald. Eine Weile später kam ihm ein Wolf entgegen und fragte das Häschen: „Wo willst du denn hin?" Das Häschen antwortete: „Ich bin unterwegs, um mein Glück zu finden." „Da hast du ja wirklich Glück, dass du mich getroffen hast", sagte der Wolf und zeigte mit der Pfote auf sein großes geöffnetes Maul. „Wenn du diese kleine Abkürzung machst, kann du eine Menge Zeit auf dem Weg zu deinem Ziel sparen." „Ei, vielen Dank", sagte das Häschen und sprang dem Wolf in den Rachen.
Was ist die Moral aus dieser Geschichte? *Wenn man nicht weiß, wohin man will, landet man leicht da, wo man absolut nicht hin wollte.* So wie dem Häschen geht es Millionen Menschen – vielleicht auch Ihnen?

Was und wie viel wollen Sie bis wann erreichen?

Auch Ihre Absichten werden erst dann zu einem Ziel, wenn Sie eindeutig bestimmen, was Sie bis wann, in welcher Menge oder Güte erreicht haben wollen (s. Abb. auf Seite 32). Sie müssen Ihre Absicht

- qualitativ (was soll erreicht werden?),
- quantitativ (wie viel soll erreicht werden?),
- zeitlich (bis wann soll es erreicht sein?) und
- begründbar (warum soll es erreicht werden?)

beschreiben, dann haben Sie ein operationales Ziel bzw. eine Vorstellung vom angestrebten Zustand.

> Ein Ziel ist die exakte Beschreibung eines in Zukunft angestrebten Zustands.

2.1 Zielanalyse

Bevor Sie jetzt eine Ihrer Absichten auswählen, um daraus ein konkretes und präzises Ziel zu machen, müssen Sie Ihr Ziel analysieren, d. h. Sie müssen prüfen, ob Ihr Ziel realistisch ist und ob Sie über die nötigen materiellen und ideellen Mittel verfügen, um es zu realisieren. Das machen Sie mit der Zielanalyse. Diese besteht aus drei Schritten:

- **Analyse der Stärken und Schwächen** (Subjekt- bzw. Persönlichkeitsanalyse): Welche meiner positiven/negativen Eigenschaften sind meinem Ziel förderlich? Wie kann ich sie nutzen bzw. vermeiden?
- **Analyse der Chancen und Risiken** (Objekt- bzw. Gegenstandsanalyse): Welche Chancen, welchen Nutzen bietet mir mein Ziel, wenn ich es erreicht habe? Welche Risiken birgt dieses Ziel; welche Nachteile könnten mir entstehen?
- **Analyse des Umfeldes/der Situation** (Umfeld- bzw. Situationsanalyse): Welche Personen, Informationen oder Umstände sind meinem Ziel förderlich/hinderlich? Wie kann ich diese nutzen bzw. ausschalten?

Chancen und Risiken

Angenommen, Sie setzen sich zum Ziel, Abteilungsleiter zu werden, dann riskieren Sie Konflikte mit Ihren „Karrierekonkurrenten“, schaffen sich aber zugleich Chancen hinsichtlich Ihres zukünftigen Status' und Einkommens. Dieses Verhältnis der Chancen zu den Risiken ermitteln Sie mithilfe der Objektanalyse.

Doch statt sich auf die Risiken zu fixieren, sollten Sie sich fragen: „Welche Einzelschritte, welche machbaren Aufgaben könnte ich sofort anpacken?" Beginnen Sie mit den leichten Teilaufgaben, um sich dann den schwereren zuzuwenden.

Situation und Umfeld

Da auch andere die von Ihnen angestrebte Position gerne einnehmen würden, sollten Sie Ihr Umfeld sorgfältig mitbedenken. Vielleicht wird die vakante Position gar nicht neu besetzt. Um Enttäuschungen und Fehlhandlungen zu vermeiden, müssen Sie auch Ihr Umfeld bzw. die vorhandene Situation analysieren. Das geschieht mithilfe der Umfeld- bzw. Situationsanalyse.

Stärken und Schwächen

Zugleich sollten Sie selbstkritisch nach Ihren Stärken und Schwächen fragen, um die Realisierbarkeit Ihres Ziels festzustellen (Subjekt- bzw. Persönlichkeitsanalyse).

Wenn Sie meinen, Ihr Umfeld und die Situation, Ihre Kräfte und den Zeitpunkt richtig einzuschätzen, dann machen Sie anschließend eine exakte Zielformulierung. Schließen Sie mit sich einen schriftlichen Zukunftsvertrag.

Sollten Sie Ihr Ziel dennoch nicht erreichen, könnte es

unter anderem daran liegen, dass Sie Ihre Kraft und Willensstärke, Ihr wirtschaftliches Leistungsvermögen, Ihre geistigen Voraussetzungen oder Ihr soziales Umfeld falsch eingeschätzt haben. Ihre Zielanalyse hatte also Fehler. Aus diesen Fehlern sollten Sie lernen und es noch einmal versuchen.

Bevor Sie sich für ein Ziel entscheiden, müssen Sie prüfen, ob es realistisch ist und ob Sie über die notwendigen materiellen und ideellen Ressourcen verfügen. Zu diesem Zweck analysieren Sie Ihre Stärken und Schwächen, die Chancen und Risiken sowie das Umfeld und die Situation.

2.2 Fragen zu Ihrer Selbstkontrolle

Nachdem Sie sich über Ihr Ziel klar geworden sind, beantworten Sie bitte folgende Fragen, um festzustellen, ob Sie Ihr Ziel exakt formulierten:

a) Ist Ihr Ziel konkret?

Beispiel: „Im Beruf weiterkommen" ist eine Absicht, aber kein konkretes Ziel. Konkret wird diese Absicht erst, wenn Sie sich beispielsweise vornehmen, Gruppenleiter zu werden.

b) Ist Ihr Ziel präzise?

Haben Sie Sollwerte angegeben, die Sie erreichen wollen? Wenn das so genau nicht möglich ist, geben Sie Ober- und Untergrenzen an. Anstatt „so viel wie möglich", heißt es dann zum Beispiel „mindestens ..., höchstens ...". Vermeiden Sie Umschreibungen wie „beträchtlich", „genügend" oder „angemessen", sondern formulieren Sie es so, dass Sie die Zielerreichung möglichst ohne Interpretationsspielraum kontrollieren können. Ziele geben die Richtung an, Sollwerte präzisieren die Ziele, indem sie angeben, ob und wann ein Ziel erreicht ist. Ohne exakte Zielgrößen ist eigentlich jedes Arbeitsergebnis richtig.

c) Haben Sie Ihr Ziel terminiert?

Auch hier können Sie mit gewissen Bandbreiten arbeiten. Anstelle einer Formulierung wie „sobald wie möglich", formulieren Sie „frühestens am ..., spätestens am ...". Je länger es dauert, ein Ziel zu erreichen, desto notwendiger sind terminierte Zwischenziele.

d) Ist Ihr Ziel realistisch und widerspruchsfrei?

Sind – von der heutigen Situation ausgehend – alle Voraussetzungen gegeben, Ihr Ziel durch praktisches Tun zu erreichen? In diesem Zusammenhang muss auch gefragt werden, ob das Ziel widerspruchsfrei ist. Sie können nicht zugleich Tennismeister und Vorstandsvorsitzender eines Unternehmens werden. Niemand kann zur selben Zeit zwei verschiedene Richtungen beschreiten.

Hier wäre ein Zielkonflikt vorprogrammiert. Der Starke, der seine Kräfte zersplittert, erreicht weniger als der Schwache, der seine Kraft auf ein Ziel hin konzentriert.
Sie sollten auch prüfen, inwieweit Sie unabhängig von anderen Ihr Ziel erreichen können. Wenn die Erreichbarkeit vom Wohlwollen anderer abhängt, sollten Sie andere Ziele anvisieren, nämlich solche, die Sie aus eigener Kraft schaffen können.

e) Ist Ihr Ziel für Sie persönlich erstrebenswert?

Motiviert Sie Ihr Ziel? Bringt es Ihnen einen Nutzen? Wichtig ist, dass Sie sich den Nutzen bildlich vorstellen. Außerdem sollten Sie Ihr Ziel affirmieren (lat. firmus = fest, stark, kräftig), das heißt positiv verstärken.
Den Nutzen solcher Affirmationen kennt man aus der Führungspsychologie. Wird ein als gut empfundenes Verhalten sofort positiv verstärkt, zum Beispiel durch ein anerkennendes Wort, dann wiederholt der Angesprochene in der Regel sein Verhalten, denn der Mensch hat ein angeborenes Bedürfnis, Lustempfindungen zu wiederholen.

f) Ist Ihr Ziel positiv bzw. konstruktiv formuliert?

Achten Sie darauf, dass Sie sich nicht das Abgewöhnen schlechter Gewohnheiten zum Ziel setzen, also zum Beispiel: „Ich will nicht mehr so gereizt auf meine Mitmenschen reagieren." Formulieren Sie stattdessen das positive Gegenteil, etwa so: „Ich werde meine Kollegen jeden Morgen freundlich begrüßen." Formulierungen mit negativem Vorzeichen erinnern Sie immer wieder an das Negative. So bestätigen Sie sich ständig, dass Sie dieses oder jenes schlecht machen.

g) Haben Sie Ihr Ziel schriftlich fixiert?

Sie sollten Ihr Ziel schriftlich formulieren. Das ist wichtig, denn Sie kennen sicherlich das Sprichwort „Aus den Augen, aus dem Sinn". Indem Sie Ihr Ziel aufschreiben, bekommt es programmatischen Charakter. Außerdem haben Sie jetzt eine optische Erinnerungshilfe.

h) Ist die Zielerfüllung kontrollierbar?

Ist die spätere Zielerfüllung durch einen Soll-Ist-Vergleich kontrollierbar? Wenn Ihr Ziel weder gemessen, gezählt noch gewogen werden kann, müsste mindestens eine neutrale Person beurteilen können, ob es erreicht wurde.

Mit der Zielkontrolle schließt sich der komplette Kreis von Situationsanalyse, Zielsetzung, Planung, Entscheidung und Kontrolle wieder. Wurde Ihr Ziel erreicht, dann haben Sie ein Erfolgserlebnis. Wenn Sie Ihr Ziel aber nicht erreicht haben, dann nutzen Sie den Lerneffekt. Machen Sie den Misserfolg zum Lernerfolg! Sie sollten aber genau untersuchen, woran es gelegen hat, dass Sie Ihr Ziel nicht erreicht haben. Das nennt man die Abweichungsanalyse. Sie geht fließend über in die neue Situationsanalyse. Jetzt können Sie das Ziel mit Ihrer inzwischen gewonnenen Erfahrung neu formulieren.

Ziele festzulegen ist bei den meisten Tätigkeiten kein einmaliger Vorgang, sondern ein Rückkoppelungsprozess, bei dem ständig Soll und Ist überprüft werden, ähnlich wie bei einem Thermostaten. Bedenken Sie: Sie können ein Ziel auch einmal nicht erreichen, aber ohne Ziele erreichen Sie gar nichts oder nur sehr wenig. Manche Menschen haben ihr/e Ziel/e nicht erreicht, weil sich die Randbedingungen radikal änderten, aber sie lernten dabei unter anderem Selbstdisziplin.

Nur wenn Ihr Ziel konkret, präzise, terminiert, realistisch und persönlich erstrebenswert ist und wenn es zugleich positiv formuliert, schriftlich niedergelegt und kontrollierbar ist, aktiviert es Ihr Denken und Handeln. 30

2.3 Probieren geht über Studieren

Nachdem Sie mit sich selbst einen Zukunftsvertrag bzw. eine persönliche Erfolgsversicherung abgeschlossen haben, verfügen Sie über klare Vorstellungen, was Sie erreichen wollen. Ihr Ziel ist präzise formuliert.

Ihre Pflicht ist es nun, die Prämien für diese Erfolgsversicherung in Form praktischen Tuns zu bezahlen. Der Weg zum Erfolg geht nur über das eigene Tun. Es gibt viele Menschen, die immer nur davon reden, was sie tun möchten, könnten, würden usw., die sogar planen, oft sehr lange und gründlich, nur setzen sie es nie oder selten in die Tat um.

Sie haben jetzt einen Wegweiser für Ihr Handeln. Seien Sie von der Realisierbarkeit Ihres Ziels überzeugt. Richten Sie Ihre Gedanken auf dieses Ziel aus. Ziele wirken wie Magneten. Diese Magneten ziehen Sie vorwärts. Indem Sie nun bewusste Ziele haben, richten sich auch Ihre unbewussten Kräfte darauf aus. Was Sie sich realistisch vorstellen können, ist in der Regel auch zu erreichen. Das Unterbewusstsein programmiert Ihr Tun.

Überlegen Sie sich, was Sie im Leben schon alles ohne Ziele erreicht haben. Was könnten Sie noch alles erreichen mit klaren, gewollten und bewussten Zielen? Niemand kann Sie von Ihren Zielen abhalten, nur Sie selbst. Wenn Sie die Umsetzung mancher Absichten als zu schwer empfinden sollten, denken Sie daran: „Nicht, weil es so schwer ist, versuchen wir es nicht. Es ist so schwer, weil wir es nie versuchen“ (Seneca).

30 *Wenn Ihr Ziel konkret, terminiert, realistisch, kontrollierbar, schriftlich fixiert und persönlich erstrebenswert ist, dann sollten Sie sich an die Umsetzung machen. Wenn Sie Ihr Ziel nicht erreichen, suchen Sie mittels der Abweichungsanalyse nach den Ursachen. Sie wird zur Grundlage der neuen Zielanalyse.*

2.4 Die richtige Reihenfolge Ihrer Ziele

Angenommen, Ihr guter Vorsatz lautet, etwas für Ihre Weiterbildung zu tun, dann sollten Sie genau beschreiben, was Sie darunter verstehen. Es handelt sich hierbei um ein Richtziel, aus dem Sie ein Grobziel herausfiltern müssen. Dieses könnte zum Beispiel darin bestehen, dass Sie sich mit der EDV beschäftigen wollen.

Aus diesem Grobziel müssen Sie nun ein Feinziel herausarbeiten, denn die EDV ist ein umfangreiches Thema. Nehmen wir an, Sie wollen Programmieren lernen. Jetzt wird die Richtung klar und Sie müssen nur noch die Programmiersprache und den Zeitrahmen bestimmen. Dann haben Sie Ihr eigentliches Ziel formuliert:

- **Richtziel:** Sich weiterbilden wollen
- **Grobziel:** Sich mit EDV beschäftigen wollen
- **Feinziel:** Die Programmiersprache *Basic* bis zum ... lernen wollen

Der Aufbau von Zielen

Die Begriffe Richt-, Grob- und Feinziel zeigen, dass Ziele auf mehreren Stufen existieren. Für Ziele auf hoher Stufe werden umgangssprachlich diese und ähnliche Begriffe verwendet: Generalziel, Finalziel, Hauptziel, Oberziel, Fernziel, Maximalziel. Für Ziele auf niedrige-

rer Stufe gibt es folgende Begriffe: Nahziel, Etappenziel, Zwischenziel, Nebenziel, Teilziel, Minimalziel u. a.m.
Der jeweilige Begriff ergibt sich aus dem Charakter des Ziels. Es gibt Zielebenen, die zeitlich bedingt sind (Lebens-, Jahres-, Monats-, Wochen- und Tagesziele), und andere, die hierarchischer Natur sind (Ober- und Unterziel). Normalerweise reicht die Unterscheidung in Richt-, Grob- und Feinziele aus.

Richtziele sind eigentlich keine Ziele, da sie nicht eindeutig sind. Man könnte sie mit Leitbildern und Werten vergleichen. Sie stellen eher eine Art roter Faden für Ihr allgemeines Handeln dar und eignen sich als Orientierungshilfe für weitere, konkretere Ziele. Wenn beispielsweise ein Unternehmen „hohe Qualität produzieren und seine Kunden zufriedenstellen" will, dann ist das ein Leitbild oder ein Richtziel. Ebenso, wenn jemand etwas für seine Gesundheit tun will.

Grobziele haben einen mittleren Grad an Eindeutigkeit und Präzision. Mit ihnen wird ein Richtziel konkretisiert. Bezogen auf das Richtziel Gesundheit könnte das Grobziel darin bestehen, Sport zu treiben.

Feinziele sind eindeutig und präzise. Damit sind sie hinsichtlich ihrer Erfüllung kontrollierbar. Sie sind operational, denn sie geben konkret an, welche Handlungen Sie Ihrem Ziel näher bringen. Ein ebenfalls auf die Gesundheit bezogenes Feinziel könnte folgendermaßen lauten: Zweimal wöchentlich 10 km joggen.

Das Zielsystem, bezogen auf die Gesundheit, sieht also so aus:

- **Richtziel**: Gesundheit
- **Grobziel**: Sport treiben
- **Feinziel**: Zweimal pro Woche 10 km joggen

Das Feinziel ließe sich noch weiter differenzieren, zum Beispiel, dass die 10 km in 45 Minuten gelaufen werden sollen.

Sie benötigen Zwischenziele

Dank genauer Zielsetzung können Sie nun konkret planen. Während Sie planen, legen Sie Zwischenziele fest. Sie erreichen kein Ziel, ohne zuvor kleinere Zwischenziele erreicht zu haben. Jeder Hauptschüler muss mindestens neun Klassen(zwischen)ziele erreicht haben, um die Hauptschule erfolgreich abzuschließen.

Die untergeordneten Zwischenziele sind die notwendigen Mittel, um das nächsthöhere Ziel zu erreichen, das selbst wieder Mittel ist, um das darüber befindliche Ziel zu erreichen. Sie sollten jede Zwischenetappe zunächst als Ziel für sich betrachten. Beim Bau von Großanlagen, zum Beispiel eines Kraftwerks, müssen Tausende von Zwischenzielen erreicht werden, um schließlich das Hauptziel zu realisieren.

Um Ordnung in dieses „Zielwirrwarr" zu bringen, bedient man sich sogenannter Netzpläne. An ihnen kann man – dadurch, dass die diversen Zielebenen logisch und zeitlich miteinander verknüpft sind – ablesen, welche Ziele erreicht werden müssen, um die nächsthöheren anzugehen. Aus Problemnetzen werden so Zielnetze geknüpft. In Unternehmen oder bei Großprojekten spricht man auch von „Zielsystemen". Solche Zielsysteme machen Über- und Unterordnungen von Zielen oder logische Verknüpfungen und zeitliche Abfolgen deutlich.

Hauptziele müssen oft in kombinierter Form als Zeit-, Raum- oder Sachziel erreicht werden. Angenommen, Sie wollen ein Haus bauen, dann würde die exakte Zielformulierung beispielsweise so lauten: „Ich will bis zum 31. Dezember dieses Jahres ein gemauertes, voll unterkellertes Einfamilienhaus mit Walmdach und einer Wohnfläche von 150 qm auf einem ca. 500 qm großen Grundstück im Umkreis von 30 km von Frankfurt/Main zu Maximalkosten von 1.000.000,- Euro bauen."

Der Grad der Präzision, die Soll-Ist-Fähigkeit, der eindeutige Richtungscharakter ist das, was ein Ziel von Absichten, Wünschen und Vorsätzen unterscheidet. Die genaue Analyse der Chancen und Risiken, der Stärken und Schwächen sowie der Situation und des Umfeldes erhöht die Wahrscheinlichkeit, ein gesetztes Ziel tatsächlich zu erreichen. Die eindeutige Abgrenzung von Grob- und Feinzielen, von Haupt- und Zwischenzielen zwingt zur Präzisierung und erhöht so die Umsetzungswahrscheinlichkeit. 30

30 MINUTEN

3. So steuern Sie auf Ihr Ziel zu

Die Fähigkeit, Handlungen gedanklich vorwegzunehmen, unterscheidet uns Menschen vom Tier, das instinktiv handelt. Eine Biene beschämt mit ihren Waben manchen Maurer. Was aber den schlechtesten Maurer gegenüber der besten Biene auszeichnet, ist, dass jener seine „Zellen" vorher im Kopf baut, bevor er sie aus Stein und Zement formt. Der Maurer schafft ein Produkt, das schon vor der Fertigstellung in seinem Bewusstsein vorhanden war. Ziele existieren also nur dort, wo menschliches Bewusstsein zukünftige Zustände gedanklich vorwegnehmen und menschliches Handeln wünschenswerte Zustände herbeiführen kann.

Spontan oder bewusst?

Obwohl wir unsere Handlungsweisen durchdenken und planen können, erledigen wir vieles auch vom Instinkt gesteuert. Es steckt in uns noch immer ein Teil der spontanen Reaktionsmechanismen unserer tierischen Urahnen. Anders ausgedrückt: Viele unserer Handlungen werden im Stamm- und Kleinhirn ausgelöst, ohne das Großhirn prüfend einzubeziehen.

Spontane, also instinktive Reaktionen sind die schnellste und einfachste Art, auf Situationen bzw. Probleme zu reagieren. Mit dem Verstand zu reagieren, erfordert wesentlich mehr Zeitaufwand und Nachdenken. Letzteres wird als Anstrengung empfunden, spontane Reaktionen funktionieren dagegen fast von selbst. Das spontane Reagieren soll hier nicht abgewertet werden, denn in ihm drückt sich unter anderem die fassadenfreie Persönlichkeit aus. Außerdem: Wenn Gefahr droht, muss schnell gehandelt werden, ohne langes Nachdenken. Wenn Sie aber ein Ziel verfolgen, dann müssen Sie planvoll vorgehen.

Diese Schrift ist eine Art Einladung zu bewussten und systematischen Handlungsweisen, um

- Probleme zu lösen,
- Chancen zu schaffen oder zu nutzen,
- mit Bewusstsein neue Wege zu beschreiten,

um also Ihre Ziele zu erreichen

3.1 Im (Regel-)Kreis auf das Ziel zusteuern

Wenn Sie einmal Ihre Arbeit in elementare Tätigkeiten zergliedern, werden Sie Grundfunktionen feststellen, die eigentlich jeder Mensch wahrnimmt, egal, was er für eine Tätigkeit ausübt und in welcher Position dies geschieht. Menschen *denken, informieren sich, planen, wägen ab, entscheiden, realisieren und kontrollieren.*

Es gibt Menschen, die dies bewusst und systematisch tun, andere dagegen eher unbewusst. Schon nach dem Aufstehen entscheiden Sie, was Sie frühstücken wollen, planen den Tag, prüfen Ihr Wohlbefinden, informieren sich laufend über die Zeit, um rechtzeitig am Arbeitsplatz zu sein. Dort sehen Sie zunächst nach, was anliegt (Situationsanalyse), setzen sich Ziele oder vereinbaren solche mit anderen, planen die wichtigsten Abläufe, treffen Entscheidungen, kontrollieren, ob dieses oder jenes richtig läuft, und fragen sich am Abend selbstkritisch, wie der Tag gelaufen ist.

Diese Grundfunktionen menschlichen Handelns werden in einem Kreismodell dargestellt (siehe untenstehende Abbildung). Das Kreismodell, wir nennen es fortan den Zielerreichungskreis, können Sie sich auch als Steuerrad vorstellen. Sie sind Ihr eigener Steuermann und halten Ihre Zukunft in den Händen.

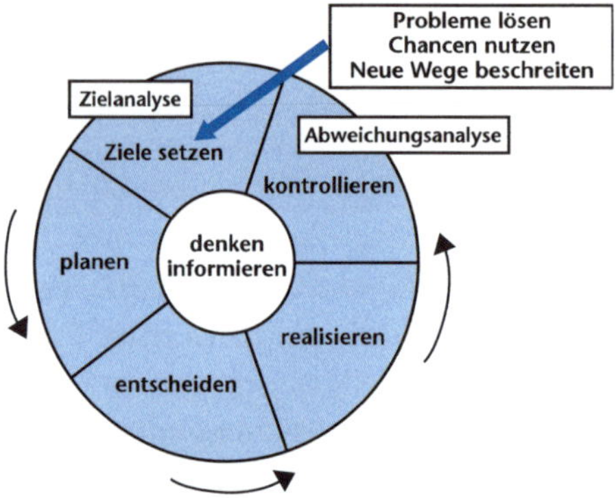

Zielerreichungskreis

30 *Der Zielerreichungskreis ist ein gedankliches Modell, um von Menschen gewollte und geplante Abläufe dazustellen. Nicht immer vollziehen sich die Funktionen in sauberer linearer Abfolge. Manchmal muss aus einer Situation heraus rasch gehandelt werden, das heißt, es wird zuerst geschossen und dann gezielt.*

3.2 Etappen des Zielerreichungskreises

Eine Situation macht Ihr Handeln zweckmäßig oder gar notwendig, entweder um ein Problem zu lösen oder das Entstehen eines Problems von vornherein zu vermeiden. Handeln ist auch notwendig, wenn Sie eine Chance nutzen oder sie gekonnt herbeiführen wollen.

Schon einfaches Sondieren und Orientieren weist auf chancenreiche Möglichkeiten hin. Chancen sollten Sie also auch bewusst suchen, nur so finden Sie welche.

Situations- bzw. Zielanalyse

Mit der Situationsanalyse klären Sie, ob eine Situation veränderbar ist oder nicht, und falls ja, ob die Änderung wünschenswert ist. Sie hinterfragen auf dieser Stufe kritisch, welche *Stärken* und *Schwächen* Ihre Zielerreichung fördern oder hemmen (*Subjekt- bzw. Persönlichkeitsanalyse*). Sie prüfen weiter, welche *Chancen* und *Risiken* mit der Zielerreichung verbunden sind (*Objekt- bzw. Gegenstandsanalyse*). Gegebenenfalls fragen Sie sich auch, welche *Personen, Informationen, Sachverhalte* und sonstigen *Umstände* ihre Zielerreichung positiv oder negativ beeinflussen könnten (*Situations- bzw. Umfeldanalyse;* s. auch Seite 40).
Da keine Situation im weiteren Verlauf gleich bleibt, sollten Sie sich nach der Situationsanalyse fragen, wie sich die Situation von sich aus, unabhängig von Ihrer Zielsetzung, Planung und Realisierung, ändern würde. Sie stellen also eine Prognose, zumindest aber eine Teilprognose auf.

Denken

Das Denken befähigt Sie zu sinnvollen und bewussten Handlungen. Es ermöglicht Ihnen, das sozusagen „bunte“ Material Ihrer Sinneserfahrungen zu sortieren und es in einen gedanklichen Zusammenhang zu bringen.

Dazu bedienen Sie sich der Abstraktion und Verallgemeinerung.

Informieren

Um Ihre Ziele zu planen, zu erreichen und zu kontrollieren, müssen Sie sich informieren, das heißt *in Form(ation)* bringen. Wenn Sie abnehmen wollen, informieren Sie sich über diverse Diäten sowie täglich über Ihr Gewicht. Sie müssen aber auch andere informieren, damit diese von Ihrem Vorhaben wissen und Sie nicht mit süßen Leckereien auf eine falsche Fährte bringen.
Sie sollten auch deshalb andere über Ihr Ziel informieren, um sie als Regulativ zu nutzen. Wenn Sie sich zum Beispiel das Rauchen abgewöhnen wollen, sollten Sie das den Personen Ihres Umfeldes mitteilen, um keine Rückzugsmöglichkeiten mehr zu haben. Das Gefühl sich zu „blamieren" treibt Sie immer wieder an.
Denken und Informieren stehen im Zentrum des Zielerreichungskreises (s. Abb. auf Seite 56), da sie eine Zentralfunktion haben. Ohne zu denken und sich zu informieren, ist es nicht möglich, Ziele zu setzen, sie zu planen, entsprechende Entscheidungen zu treffen, Maßnahmen durchzuführen und diese zu kontrollieren.

Ziel(e) setzen

Sie setzen sich ein Ziel, das heißt Sie beschreiben einen in der Zukunft angestrebten Zustand. Ein Ziel ist also der gedanklich vorweggenommene Eckpunkt einer Entwicklung/eines Zustandes.

Wenn Sie ein Ziel formulieren, dann kommt das einem schöpferischen Akt gleich, denn Sie nutzen Ihre Freiheit, zwischen mehreren Möglichkeiten zu wählen.

Planung

Ziele sind die Grundlage Ihrer Planung. Was wollen Sie planen, wenn Sie kein Ziel haben? Zufällige Erfolge sind gut, aber selten. Geplante Erfolge sind häufiger und beeinflussbar. Ohne Ziel können Sie nichts planen, ohne Planung können Sie nichts entscheiden, ohne Entscheidung können Sie nichts realisieren und ohne Realisation können Sie nichts kontrollieren!

Planen bedeutet, bewusst, geordnet und systematisch über Ihre Ziele nachzudenken. Wenn Sie planen, simulieren Sie gedanklich das, was Sie realisieren wollen. „Der Plan als Einheit von Abbild und Absicht ist Ausdruck der Zusammengehörigkeit des theoretischen und des praktischen Bewusstseins des Menschen." Die Frage: „Wie erreiche ich das Ziel?" ist nicht Bestandteil der Zieldefinition, sondern Inhalt der Maßnahmenplanung.

Sie planen die *Schritte* hin zu Ihrem Ziel. Es sind die *Wege* hin zu Ihrem Ziel, die notwendigen *Mittel* und die *Zeiträume* zu planen. Jeder Augenblick, den Sie auf die Planung verwenden, spart mehrere Augenblicke in der Phase der praktischen Handlung ein. Denken Sie an das Einkaufen: Eine kluge Hausfrau schreibt sich einen Einkaufszettel. Mit dieser Checkliste ersparen Sie sich einen Marathonlauf im Supermarkt und werden nicht zu unbedachten Einkäufen verführt.

Einen guten Plan können Sie mit einer Leiter vergleichen. Sie müssen, wenn Sie mit einer Leiter auf einen Baum steigen, nicht dauernd nach tragfähigen Ästen suchen, sondern steigen mit relativ geringem Kraftaufwand Stufe für Stufe nach oben. Angenommen, Sie möchten abnehmen, dann sollten Sie diese Absicht in einen täglichen Speiseplan umwandeln, aus dem hervorgeht, was Sie wann und in welcher Menge essen wollen.
Von einer Prognose unterscheidet sich der Plan durch seinen Entscheidungscharakter: Er sagt die zukünftigen Aktionen nicht voraus, sondern legt sie fest. Pläne lassen sich unterscheiden nach vielen Kriterien, zum Beispiel nach ihrem Gegenstand. So gibt es Urlaubspläne, Finanzpläne, Diätpläne, Therapiepläne, Lehrpläne und viele andere Pläne mehr.

Arten von Plänen

Pläne werden hinsichtlich des Zeitraums unterschieden. So spricht man von kurz-, mittel- und langfristigen Plänen. Nach dem Detaillierungsgrad lassen sie sich in eine Grob- und Feinplanung unterteilen. Hinsichtlich der Art der zu treffenden Entscheidungen spricht man auch von der Mittel- oder Wegeplanung.
Wenn Sie mit mehrphasigen Plänen arbeiten, zum Beispiel bei der Studienplanung, dann zeichnen sich diese dadurch aus, dass bei ihnen Ziele zu Mitteln werden und umgekehrt, denn einzelne Phasen entstehen, indem erreichte Zwischenziele in der nächsten Phase als

Mittel für die weitere Zielverwirklichung eingesetzt werden. So gesehen ist eine Zwischenprüfung das notwendige „Mittel" für das weitere Studium.
Pläne sind weder wahr noch falsch. Sie sind adäquat oder inadäquat. Pläne sind adäquat, wenn alle Voraussetzungen gegeben sind, um das Ziel zu erreichen. Ein Plan ist optimal, wenn mit einem Minimum an Mitteln ein Maximum an Resultat erzielt wird.
Die Entscheidung ist das vermittelnde Glied zwischen Ihrem Plan und Handeln. Sie findet ihren Ausdruck in einem Entschluss, einer Weisung oder einer Vorgabe. Eine Entscheidung ist immer eine Wahl zwischen mehreren Möglichkeiten. Gäbe es diese Wahl nicht, müssten Sie auch nichts entscheiden. Als es in Deutschland nur ein Fernsehprogramm gab, mussten die Zuschauer keine Entscheidung treffen. Heute haben wir zwischen vielen Programmen die Qual der Wahl.
Sich zu entscheiden heißt, sich gedanklich von anderen Möglichkeiten zu trennen. Die Entscheidung für Ihre Frau oder Ihren Mann, für Ihren Beruf oder Ihren Arbeitgeber war gleichzeitig eine Ent-Scheidung gegen Tausende anderer Frauen, Männer, Berufe oder Arbeitgeber, von denen Sie im Moment Ihrer Entscheidung „geschieden" wurden. Um das Risiko einer Fehlentscheidung zu minimieren, sollten Sie sich mit vielen Informationen „in Form" bringen. Information ist die Reduktion von Ungewissheit.

Sie können Entscheidungen unterscheiden

1. nach dem Gegenstand der Entscheidung (zum Beispiel Einführung der Euro-Währung 2002),
2. nach dem Entscheidungsorgan (zum Beispiel Einzelentscheidung, Gruppenbeschluss),
3. nach dem Gültigkeitszeitraum (zum Beispiel strategische, taktische, operative Entscheidung).

In Unternehmen werden bei wichtigen und teuren Investitionsentscheidungen spezielle Entscheidungstechniken eingesetzt, beispielsweise Matrixvergleiche, bei denen alle Alternativen mit Punkten bewertet und berechnet werden. Für die Alternative mit den meisten Punkten entscheidet man sich in der Regel, nicht jedoch, ohne zuvor nochmals mit der ETHOS-Formel die mögliche Entscheidung hinsichtlich der folgenden Faktoren überprüft zu haben. ETHOS bedeutet:

E = Economy (ist die Entscheidung wirtschaftlich vertretbar/machbar?)
T = Technical (ist die Entscheidung technisch vertretbar/machbar?)
H = Human (ist die Entscheidung menschlich vertretbar?)
O = Organisational (ist die Entscheidung organisatorisch vertretbar/machbar?)
S = Social (ist die Entscheidung sozial vertretbar?)

Realisation

Die Aktion ist letztlich wichtiger als die Planung. Das Handeln gilt mehr als das Denken. Konkrete Ergebnisse sind abstrakten Modellen vorzuziehen. Darum muss nach der Zielsetzung, dem Planen und Entscheiden nun etwas in Form konkreter Handlungen *er-folgen*, sonst bleibt der Erfolg aus.

„Do it, try it, fix it", lautet eine amerikanische Erfolgsregel. Erfolg ist die Folge Ihrer vielen Maßnahmen hin zu Ihrem Ziel. Von J. W. von Goethe stammt in diesem Zusammenhang das schöne Sprichwort: „Es ist nicht genug zu wissen, man muss es auch anwenden; es ist nicht genug zu wollen, man muss es auch tun."

Seien Sie sich der Gefahren bewusst, die im Reiz des Alltags liegen. Viele vergessen spätestens im Alltag wieder ihre guten Vorsätze, sie werden *ge-* und *bearbeitet*, statt *an sich* und *für sich* zu arbeiten. Weil sie vor Fahrtbeginn den Kurs nicht klar festgelegt haben, werden sie von den Zufällen des Lebens hierhin und dorthin getrieben, in der Hoffnung, irgendwann auf das Glück zu stoßen, statt es systematisch zu suchen.

Kontrolle

Da Sie sich nicht sicher sein können, ob alles nach Plan verläuft, sind regelmäßige Kontrollen notwendig. Sie dienen der Kurssicherung durch gekonntes Steuern. Zu diesem Zweck wird die Übereinstimmung von Soll und Ist geprüft. Gibt es Abweichungen, dann sind diese zu analysieren. Man nennt das die *Abweichungsanalyse*. Da eine Kontrolle bei selbst gesetzten Zielen immer eine Eigenkontrolle ist, erfordert sie natürlich Ehrlichkeit gegen sich selbst. Wichtig ist auch, Soll und Ist rechtzeitig zu kontrollieren und nicht erst am 31. Dezember des Jahres.

Sie kontrollieren sich vielfältig, beispielsweise morgens auf der Waage. Abends fragen Sie sich, wie der Tag war und was er gebracht hat. Sie kontrollieren auch andere, zum Beispiel die Kassiererin im Supermarkt, ob das Wechselgeld stimmt, die Schularbeiten Ihrer Kinder und vieles andere mehr. Der ganze Tag ist voll von Kontrollen, die Ihnen für Ihr weiteres Handeln Sicherheit geben.

Je länger Ihr Plan in die Zukunft hineinreicht, umso wichtiger ist die Kontrolle als eine Art anpassendes Steuern. Die Umfeldbedingungen ändern sich ständig. Außerdem können sich unvorhergesehene Sachverhalte einstellen, zum Beispiel eine schwere Krankheit, die Ihren Plan gefährden. Insofern dient die Kontrolle auch der „Planung Ihres Plans“. Sie ermöglicht Ihnen eine gleitende Planung.

Zielerreichungskreis

Der Zielerreichungskreis wird, nachdem das Ziel erreicht wurde, geschlossen oder mit neuen bzw. höheren Zielen wieder eröffnet. Darum könnten wir auch vom *Zielerreichungs-Regelkreis* sprechen. Denkbar ist aber auch, dass der Kreis wieder geöffnet wird, weil ein Ziel nicht erreicht wurde. Die Abweichungsanalyse

wird dann zur Grundlage der neuen Zielerreichungsanalyse.
Während das Denken und Informieren die anderen Funktionen zunächst horizontal verknüpfen, bilden sie jetzt außerdem das Verbindungsglied zwischen zwei Ebenen. Ihr Bild vom Zielerreichungskreis wird präziser, wenn Sie es sich dreidimensional vorstellen, ähnlich wie eine Wendeltreppe. Nach jeder Umkreisung sind Sie höher gelangt (siehe Abb. Seite 66).
Vielleicht werden Sie einwenden, dass Handlungen vielschichtiger und komplexer sind, als im Zielerreichungskreis dargestellt. Sie haben Recht! Ihr Umfeld ist voll von solchen Regelkreisen und klare Bestimmungen und Zuordnungen sind schwierig. Je mehr Sie versuchen, in diesen Wald von Regelkreisen einzudringen, umso größer ist die Gefahr, dass Sie vor lauter Regelkreisen keine Ziele mehr sehen.
Das Kreismodell ist eine pädagogisch gewollte Vereinfachung, um einen komplexen Vorgang überschaubar zu machen. Die Funktionen spielen sich nicht einfach in dieser Reihenfolge eine nach der anderen ab, sondern sind vielfältig miteinander verwoben, so wie die Spiralfedern einer zusammengepressten Matratze. In jeder Funktion steckt wiederum ein eigener Regelkreis, denn die Wahl eines Ziels setzt Planung, Entscheidung und Kontrolle voraus. Ein Plan ist ein System von Festlegungen, die auf Entscheidungen beruhen. Zunächst genügt es, sich das Grundmodell als Steuerrad vorzustel-

len und es im Moment jeder wichtigen Handlung gedanklich zu aktivieren.

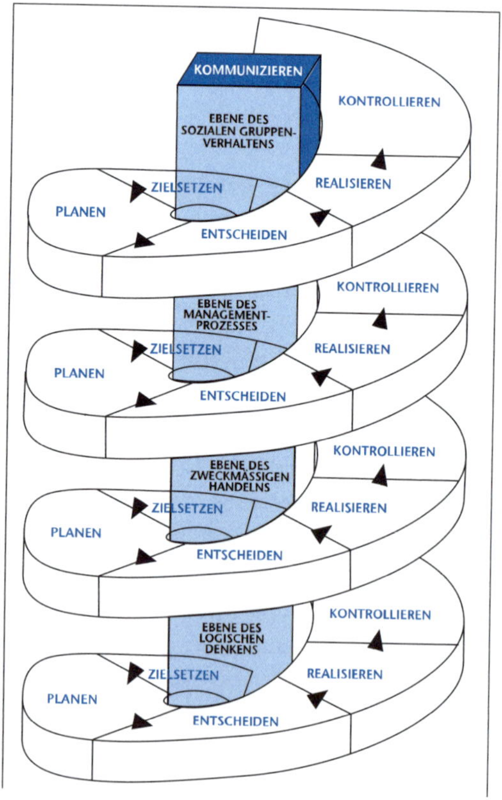

Warum hat die Natur Ihren Kopf rund geformt? Damit sich Ihre Gedanken im Zielerreichungs-Regelkreis drehen! Um Ihre Ziele zu erreichen, müssen Sie diese im Regelkreis auf ihre Machbarkeit hin prüfen, Mittel und Wege planen, sich entscheiden und die Beschlüsse in die Tat umsetzen. 30

Die Funktionen Denken und Informieren verknüpfen die anderen Funktionen horizontal und vertikal. In jeder Funktion des Regelkreises steckt wiederum ein eigener kleiner Regelkreis.

30 MINUTEN

4. Wie erreicht man seine Ziele?

Viele blicken neidvoll auf andere, auf solche Menschen, die es zu „etwas gebracht" haben. Voller Bewunderung blickt man auf „die da ganz oben", auf Spitzensportler, Schauspieler, Schriftsteller, Künstler, Wissenschaftler, Politstars usw. Diese Menschen haben auf unterschiedliche Arten Erfolg. Der bekannte Psychologieprofessor in Harvard, Howard Gardner, meint: „Es gibt Hunderte und Aberhunderte Wege zum Erfolg und viele, viele verschiedene Tätigkeiten, mit denen man ihn erreicht."

Vielleicht gab es einige Glückskinder unter ihnen oder solche, die Vitamin B(eziehung) hatten. Andere hatten vielleicht das richtige Parteibuch, ein dickes Konto oder aber eine besonders ausgeprägte Begabung auf einem bestimmten Gebiet. Wer bei der Spermienlotterie in die richtige Gebärmutter gelangt, hat oft schon für sein Leben ausgesorgt. Aber ist das wirklich ein Erfolg?

Was ist Erfolg?

Eigentlich ist der Begriff Erfolg nicht definierbar, da er viele subjektive Wertungen enthält. Es handelt sich um einen übergeordneten Begriff für alle Arten erreichbarer Ziele. Trotzdem soll hier der Versuch einer Definition gemacht werden: *Erfolg ist, ein anspruchsvolles Ziel zu erreichen.* Erfolg ist auch die Fähigkeit, Probleme zu lösen, Hindernisse zu überwinden und unter Einsatz von Kraft, Mitteln und Zeit seine Ziele zu erreichen.

Erfolg zu wollen ist die Triebkraft, aus der Handlungen ihre Energie schöpfen. Erfolg zu haben ist ein innerer Zustand des Spannungsausgleichs zwischen der Unzufriedenheit über eine Situation in der Vergangenheit und der Zufriedenheit über das erreichte Ziel in der Gegenwart. Darum muss Erfolg nichts Spektakuläres sein, sondern kann einer inneren Reise ähneln, deren Ziel erreicht ist.

4.1 Erfolg hat viele Mütter und Väter

Für den Erfolg gibt es verschiedene „Stilrichtungen“. Das hat der englische „Denkspezialist“ Edward de Bono in seinem Buch „Erfolg – Zufall, Intuition oder Planung?“ nachgewiesen. Auch Wolf Schneider hat in seinem Buch „Die Sieger“ publizistisch anschaulich dargestellt, dass der Erfolg viele Mütter und Väter, vielerlei

Ursachen und Auslöser hat. Eine amerikanische Studie aus dem Jahre 1998 bestätigt ihn. Über die 50 erfolgreichsten US-Manager ist zu erfahren, dass es fast keine Gemeinsamkeiten der Lebenswege gibt. Sie sind Akademiker oder Autodidakten, Amerikaner oder Nicht-Amerikaner, jung oder alt, stammen aus guten oder schlechten, armen oder reichen Elternhäusern, sind Männer oder Frauen und verteilen sich über alle Sternbilder. Es herrscht ein ziemliches Durcheinander von Lebenswegen, Lebensregeln, Lebensentwürfen und Lebenswerken. Es (Alles?) scheint möglich und alles, was möglich ist, gibt es auch.
Was folgt daraus für Sie, liebe Leserin, lieber Leser? Bauen Sie die Stärken und Vorzüge ihres individuellen Stils aus, anstatt ihn zu manipulieren. Bitte glauben Sie auch nicht, dass Ihnen die vielen Bücher zum Thema Erfolg den „Sieg“ garantieren. Im Katalog lieferbarer Bücher sind auf zwei eng beschriebenen Seiten Dutzende von diesbezüglichen Titeln aufgelistet. In vielen dieser Bücher wird positiv gequacksalbert, ohne jegliche strategische Fundierung. Der bloße Appell, positiv zu denken, nützt wenig, denn Erfolg ist die Folge konkreter Ziele und Handlungen.

Wege zum Erfolg

Um Erfolg zu haben, gibt es zwei Hauptwege:

- Den Weg vom Ziel zum Erfolg.
- Den Weg von der Handlung zum Erfolg.

Der Unterschied besteht darin, dass im ersten Fall klare Vorstellungen darüber bestehen, was erreicht werden soll. Im zweiten Fall gilt die Maxime: „Der Weg ist das Ziel“. „Sich regen bringt Segen“ ist hier die strategische Ausgangsposition. Auf dem Weg werden die Ziele klarer, unter anderem, indem man öfters stehen bleibt, prüfend zurückblickt und über die weitere Marschrichtung nachdenkt. Es ist das, was Picasso einmal so ausdrückte: „Ich suche nicht, ich finde.“

Grundstrategien für den Erfolg

Zu den vielen Puzzleteilen, die den Erfolg im Wechselspiel zwischen den persönlichen Eigenschaften eines Menschen und den sozialen Gegebenheiten ausmachen, gehören insbesondere die folgenden drei Faktoren:

1. Erfolgsfaktor gute Planung + richtige Strategie
2. Erfolgsfaktor kalkulierte Risikobereitschaft
3. Erfolgsfaktor aktives Handeln

Für diese drei Erfolgsdeterminanten werden häufig auch andere Begriffe verwendet, gemeint ist aber dasselbe. Es handelt sich nicht um Persönlichkeitsmerkmale, die natürlich in dem einen oder anderen Fall den Erfolg auch begünstigen oder erschweren. Es sind Verhaltensweisen, die weitgehend unabhängig von Persönlichkeitsmerkmalen Erfolg garantieren.

30

Die Charaktere und Lebensläufe von Erfolgsmenschen sind genauso unterschiedlich wie die Art und Bereiche ihres Erfolgs. Viele Wege führen nach Rom und zum Erfolg. Das belegen seriöse empirische Studien aus den USA und aus Europa. Jeglicher Erfolg ist jedoch die F-o-l-g-e von Handlungen.

4.2 Erfolgsfaktor gute Planung und die richtige Strategie *(bedenke und plane es)*

Viele Menschen wollen den Erfolg. Sie, liebe Leserin, lieber Leser, befinden sich in Zielkonkurrenz mit ihnen, denn nicht jeder kann Erfolg haben. Erfolgskonzepte werden gern und schnell nachgeahmt, doch „Wer zuerst kommt, mahlt zuerst", lautet eine alte Volksweisheit. Allerdings ist das sogenannte Trittbrettfahren auch ein bewährtes Konzept, denken Sie nur an die vielen Nachbauer von IBM-kompatiblen Personal-Computern.

Vom Nutzen eines Konzepts

Um mit anderen Erfolgssuchern konkurrieren zu können, brauchen Sie ein Konzept, das Ihnen Vorteile verschafft. Sie benötigen eine Strategie, die andere nicht haben. Schon wenn Sie Schach spielen, gehen Sie mit einer gewissen Strategie an die Partie: Mit den weißen Figuren greifen Sie in der Regel an, mit den schwarzen verteidigen Sie. Innerhalb dieses Grobkonzepts gibt es viele Eröffnungs- und Verteidigungsvarianten.

Erfolgreiche Menschen handeln zielorientiert und planvoll und sie wissen, was sie wollen. Sie haben also Ziele. Sie denken in Zielen und handeln mit Konzept. Der bekannte US-Unternehmensberater Denis Waitley hat herausgefunden, dass Menschen mit persönlichen Zielen und Strategien erfolgreicher sind als andere.

Verlierer lassen sich lenken; Gewinner steuern selbst.

Beispiele

Der berühmte Erfinder Edison ist hierfür ein gutes Beispiel. Er legte bei seinen Erfindungen im Voraus fest, was er erreichen wollte, und er erreichte dabei Vieles und Großes, zum Beispiel die Glühbirne und das Grammophon. Sein Konzept war das der Chancenmaximierung. Andere wiederum hatten großen Erfolg mit dem Konzept der Risikominimierung, so zum Beispiel der Tennisspieler Björn Borg.

Selbst Menschen, die über eine gewisse Begabung verfügen, müssen diese konzeptionell bzw. strategisch weiterentwickeln, wenn sie Erfolg haben wollen. Max Schmeling war ein hervorragender Boxer, aber um Joe Lewis zu schlagen, studierte er viele Tage und Wochen dessen Boxweise, um ihn an seinem schwächsten Punkt zu packen. Steffi Graf hätte auch das Zeug zu einer guten Leichtathletin gehabt, aber ihr Vater plante die finanziell lukrativere Tenniskarriere.

Und selbst dort, wo Begabungen mit Zielen und Strategien gepaart sind, bedarf es außerdem des Ehrgeizes und persönlichen Antriebs.

Wenn Sie Erfolg haben wollen, benötigen Sie eine Strategie, die sich von anderen unterscheidet, sonst ist sie wirkungslos. 30

Menschen mit Strategien und Zielen sind erfolgreicher als jene, die ziel- und konzeptlos agieren. Aber die Strategien und Ziele (und Begabungen) müssen mit Ehrgeiz und Antrieb kombiniert werden.

4.3 Erfolgsfaktor Risikobereitschaft *(wage es)*

Jeder, der neue Pfade beschreitet, geht ein gewisses Risiko ein. Der Schriftsteller Carl Amery sagte einmal: „Risiko ist die Bugwelle des Erfolgs". Wo stünde die Welt heute ohne die Risikobereitschaft, die beispielsweise Christoph Kolumbus auszeichnete? Ohne die Risiken, die Sozialrevolutionäre eingingen, ohne die Selbstversuche namhafter Mediziner, ohne die Investitionsbereitschaft von Unternehmern ... wäre der Fortschritt der Gesellschaft im Schneckentempo verlaufen. Erfolgsmenschen fürchten sich nicht davor, das Unbekannte zu versuchen. Sie gehen Risiken ein, aber keine waghalsigen Abenteuer. Der Erfolgreiche bemüht sich um Risikominimierung, rechnet aber damit, auch einmal zu verlieren. Um diese Gefahr jedoch weitgehend auszuschließen, analysieren Erfolgsmenschen sehr gründlich ihre Ausgangssituation. Sie wägen Risiken und Chancen sorgfältig gegeneinander ab und bauen Sicherheitsnetze ein. Das bedeutet nicht, risikoscheu zu sein. Risikoscheu heißt, gar nichts zu tun.

Erfolg kann man lernen

Erfolgsmenschen sind lernfähig. Sie lernen als Erstes, dass Erfolg den Misserfolg mit einschließt. Boris Becker kann nicht immer gewinnen. Gute Sportler verstehen es, auf eine Niederlage positiv zu reagieren. Gute Verkäufer resignieren nicht gleich, wenn ein Kunde nein sagt. Wer

drei Schritte vorwärts geht und dabei einen Schritt zurück machen muss, schafft zwei Schritte nach vorn.
Nun zu Ihnen, liebe Leserin und lieber Leser: Die Haltung, mit der Sie auf eine Niederlage reagieren, entscheidet darüber, ob Sie „im Rennen bleiben oder ausscheiden“. Sie haben ein Recht darauf, Fehler zu machen, aber auch die Pflicht, daraus zu lernen. Wenn Sie aus Ihren Fehlern lernen, bereiten Sie damit die Zukunft vor. Ihre Fehler von heute sind die Erkenntnisse von morgen. Insofern gibt es eigentlich gar keine Fehler, sondern nur Erfahrungen. Denken Sie daran: Ihr Kopf ist rund, damit sich Ihre Gedanken im Zielerreichungs-Regelkreis drehen können, das heißt die Abweichungsanalyse wird zur Grundlage Ihrer neuen Situationsanalyse und Zielplanung.

30

Wer Erfolg haben will, muss Risiken eingehen, aber keine waghalsigen Abenteuer. Erfolgsmenschen wägen Risiken und Chancen sorgfältig gegeneinander ab und bauen, so weit möglich, Sicherheitsnetze ein. Wer aber risikoscheu ist, der geht ein Zukunftsrisiko ein.

4.4 Erfolgsfaktor Handeln *(mach es)*

„Handeln ist in jedem Fall besser als Nichtstun“, lautet eine alte Soldatenregel. „Das Wichtigste ist es, zu versuchen", war ein beliebter Ausspruch des amerikanischen Präsidenten Franklin D. Roosevelt. Viele Menschen sprechen immer nur von dem, was sie tun könnten, müssten, sollten oder von dem, was sie hätten tun können, müssen oder sollen. Sie trauern den verpassten Gelegenheiten nach. „Hätte ich doch damals ...", ist eine oft gehörte Klage.

Erfolgreiche Menschen warten nicht darauf, dass ihnen das Förderband des Lebens fertig gepackte Gepäckstücke anliefert. Sie wissen: Einen Gipfel zu erklimmen bedeutet, einen Schritt nach dem anderen zu tun. Auch Ihre Karriere ist nicht ein einzelnes Ereignis, sondern eine Reihe von Schritten, wobei der nächste Schritt möglichst größer sein sollte als der vorausgegangene.

Wenn Sie Erfolg haben wollen, müssen Sie Gelegenheiten erkennen, Chancen ergreifen und Herausforderungen annehmen. Viele Menschen ziehen es vor, täglich wiederkehrende Probleme zu lösen, anstatt diese endgültig zu beseitigen. Warum verhalten sich diese Menschen so? Weil eine Änderung Risiken beinhaltet und zusätzlich Arbeit mit sich bringt.

Ein bekanntes Beispiel

Ein lehrreiches Erfolgsbeispiel sind die beiden „Verrückten", die sich in den siebziger Jahren eine Garage mieteten, um darin recht chaotisch einen Kleincomputer zu bauen, von dem alle „wussten", dass es dafür keinen Markt geben würde. Diese beiden, Steven P. Jobs und Steve Wozniak, gaben ihrem Prototypen einen ganz verrückten Namen – nämlich „Apple“ – und wie die Geschichte weiterging, wissen Sie vielleicht. Es gab tatsächlich keinen Markt, sie schufen einen! Das Fazit aus dieser Geschichte könnte lauten: „Es ist besser, chaotisch produktiv als geordnet untätig zu sein.“

Tu was!

In den USA untersuchten die zwei inzwischen weltbekannten Unternehmensberater Peters und Waterman, ehemals Stadthalter der weltgrößten Unternehmensberatung McKinsey in San Francisco, die Methoden der erfolgreichsten Unternehmen. Sie stellten fest, dass erfolgreiche Unternehmen oft „erst schießen und dann genau zielen“. Sie nennen das „Primat des Handelns“.
Während andere Unternehmen mit großem Aufwand tonnenweise lediglich neue Konzepte und Patente produzieren, bringen erfolgreiche Firmen beständig neue Produkte auf den Markt. T-e-s-t ist das wichtigste Wort von Spitzenunternehmen, „Do it, try it, fix it“ („Probieren geht über studieren“) ihr Arbeitsmotto.
Das kann auch Ihr Erfolgsrezept werden. Denken Sie an das, was die Chinesen schon vor 2.000 Jahren sagten: „Mensch, warte nicht auf die günstige Gelegenheit, schaffe sie selbst.“ Dahinter steckt die Erkenntnis, dass es schwieriger ist, eine Idee zu realisieren, als sie zu finden. Kreative, ideenreiche Menschen gibt es viele, innovative, das Umfeld verändernde Menschen aber nur wenige.

Gelegenheiten erkennen

Das Erkennen von Gelegenheiten ist wichtig für Ihren Erfolg, denn Sie müssen zum richtigen Zeitpunkt am richtigen Ort sein. Nur, wenn Sie Ihre Saat zum richtigen Zeitpunkt in den Boden bringen, kann sie bis zur vollen Blüte aufgehen. Die Musik der Beatles kam gerade zum richtigen Zeitpunkt. Viele Bücher und Filme waren zunächst ein Flop, wurden aber Jahre später Welterfolge. Denken Sie zum Beispiel an die Maler van Gogh und Picasso: Picassos Kunst kam zur richtigen Zeit. Er konnte den Ruhm ernten, der van Gogh zu Lebzeiten versagt blieb.

Wer nach 1945 in den damaligen Westzonen unternehmerisch aktiv wurde, handelte zum richtigen Zeitpunkt. Viele große Unternehmen sind auf diese Weise entstanden. Die Zeichen der Zeit erkannten auch jene, die mit Beginn des Computerzeitalters den Schritt in einen neuen Beruf oder gar in die Selbstständigkeit wagten. Einige Jahre später war „der Zug schon abgefahren“. Mit dem Niedergang der sozialistischen Planwirtschaften zwischen 1989 und 1992 boten sich nochmals einmalige Gelegenheiten, die manche nutzten, viele jedoch nicht.

Karriere und Situationsnutzung

Während die Führungstheorie früher der Meinung war, der „Führer“ verfüge über Eigenschaften, die den „Ge- oder Verführten“ fehle, betont sie heute die Bedeutung der Situation. Nur in einer gegebenen Situation zeigt sich, wer Führungspotenzial besitzt. Erst die Verbin-

dung von Persönlichkeitsmerkmalen mit den Besonderheiten einer Situation schafft die Voraussetzungen zum Aufstieg in eine Führungsposition.
Erfolgsmenschen erkennen den Glücksfall in Form des idealen Zeitpunkts oder der größten Marktchancen. Das Geheimnis des Erfolgs besteht darin, aus Ihren Chancen das Beste zu machen. Mehr noch, Sie sollten versuchen, den Glücksfall aktiv herbeizuführen: „Je mehr ich mich auf mein Ziel zubewege, umso mehr Glück habe ich“, sagte mir einmal einer meiner Seminarteilnehmer.
Es gibt Menschen, die haben Unglück im Glück, zum Beispiel Lottogewinner, die mit dem ungewohnten Reichtum nicht umzugehen wissen. Es gibt andere, die haben Glück im Unglück. Ein langjähriger Bekannter von mir konnte wegen des Numerus Clausus nicht Medizin studieren und wurde später Vorstandsvorsitzender einer großen Aktiengesellschaft.

Mut zur Unvollkommenheit

Wenn Sie sich dazu entschlossen haben, etwas zu tun, dann machen Sie es sofort. Haben Sie Mut zur Unvollkommenheit. Das bringt Sie weiter, als ein Perfektionismus, der Sie vom Handeln abhält.
Peters und Waterman stellten fest, dass erfolgreiche Unternehmen ihre Neuheiten oft auch ohne den letzten Schliff anbieten, während andere erst noch dieses oder jenes verbessern wollen. Damit verlieren sie den Marktanschluss. Die erfolgreichen Unternehmen dagegen

entwickeln gemeinsam mit ihren Kunden das Produkt weiter und geben ihm auf diese Weise den letzten Schliff. Ein kluges Sprichwort lautet: „Nicht das Beginnen wird belohnt, sondern allein das Durchhalten."

Disziplin

Zum aktiven Handeln muss sich die Disziplin gesellen. Nur wer sät, wird ernten. Erfolgsmenschen haben in der Regel ein starkes Durchhaltevermögen, da sie ihren Zielen einen hohen Prioritätsgrad geben. Erfolg stellt sich nur dort ein, wo vorher etwas **e-r-f-o-l-g-t-e**. Arbeit geht dem Erfolg voraus. Denken Sie an den Regelkreis der Zielerreichung: Indem Sie täglich an Ihrem Ziel arbeiten, verbinden Sie Theorie und Praxis. Ihr Ziel und Ihre Planung dazu sind ein theoretischer Akt, das tägliche Tun dagegen die Praxis.
Peters und Waterman stießen bei erfolgreichen Unternehmen auf die Existenz von sogenannten Champions. Das sind Leute, die gegen alle Widerstände im Unternehmen neuen Ideen, Produkten oder Dienstleistungen zum Durchbruch verhelfen. Viele Mitarbeiter in einem Unternehmen sind kreativ und haben gute Ideen, aber nur wenige sind innovativ. Erfolgreiche Unternehmen wissen, dass man 20 Versuche wagen muss, um ein erfolgreiches Produkt am Markt zu platzieren. Diese Tatsache setzt aber Mitarbeiter voraus, die beharrlich ihre Ziele verfolgen. Erfolgsmenschen sind geduldig in ihrer Ungeduld. Sie wollen weiter, aber sie wissen: „Gut Ding braucht Weile".

Statt immer wiederkehrende Probleme zu lösen, sollten Sie diese mit neuen Zielsetzungen endgültig beseitigen. Aber Ziele für sich bewirken noch keine Veränderung. Erst durch Ihr praktisches Tun treten Veränderungen und ein Fortschritt ein. Hierbei spielen der Zeitpunkt und die Umfeldsituation eine wichtige Rolle. Auch Pläne und Ziele allein sind kein Erfolgsauslöser. Sie sind eher einem Bauplan vergleichbar, auf dessen Grundlage ein Gebäude errichtet werden kann, vorausgesetzt, es wird Stein auf Stein gesetzt. Das Wichtigste ist also die Aktion, das täglich wiederkehrende Handeln und Zubewegen auf das Ziel.

Fast Reader

1. Leitbilder, Visionen, Strategien und Ziele

Ein Leitbild drückt kurz und präzise aus, von welchen Werten sich ein Mensch oder eine Organisation leiten lässt und wohin er/sie sich orientiert. Es stellt einen Orientierungsrahmen für alle strategischen und operativen Entscheidungen dar.
Unternehmensleitbilder müssen allgemein gültig, wahr, vollständig, konsistent und realisierbar sein. Leerformeln, kosmetische Schönfärberei, irreale Wunschbilder und Glaubensbekenntnisse wirken kontraproduktiv.
Eine Vision hat Ziel- und Richtungscharakter, allerdings noch mit gewissen Unschärfen bezüglich des Weges, der Mittel und der Strategie. Sie dient als Wegweiser zu neuen Ufern oder als Zukunftsbild, um so Menschen für neue und anspruchsvolle Ziele zu stimulieren.
Um eine Vision zur kollektiven Kraft zu machen

und die ganze Organisation zu aktivieren, betreiben Unternehmen Visionsmanagement.
Eine Strategie ist eine definierte Folge von Einzelschritten, die auf ein übergeordnetes Ziel hin ausgerichtet sind. In ihr sind die Maßnahmen für jede spezielle Situation festgelegt. Sie ist aber kein dogmatisch feststehendes Glaubensbekenntnis.

30

Leitbilder, Visionen, Strategien und Ziele unterscheiden sich hinsichtlich ihres Konkretisierungsgrades voneinander. Während Leitbilder eher einen auf Werte basierenden Rahmen bieten und Visionen einen noch konturlosen Endzustand, weisen Strategien den Weg zum angestrebten Hauptziel, der von Zwischenzielen als „Meilensteine" markiert wird. Diese Etappen stehen in einer Mittel-Zweck-Beziehung zueinander, das heißt Ziele sind die notwendigen Zwischenergebnisse, um eine Vision zu realisieren. Andererseits bietet eine Vision erst den Anreiz, Ziele zu formulieren.
Mit Zielen können Sie Wichtiges von Unwichtigem unterscheiden, können agieren und müssen nicht immer nur reagieren und können Fremdbestimmung durch mehr Selbstbestimmung abbauen.
Absichten oder gute Vorsätze sind keine Ziele, weil sie nicht präzise, nicht messbar und somit auch nicht kontrollierbar sind. Konkrete Ziele bzw. die sichtbaren Ergebnisse allein sind der Maßstab, an dem Erfolge gemessen werden können.

2. Wie formuliert und prüft man Ziele?

Bevor Sie sich für ein Ziel entscheiden, müssen Sie prüfen, ob es realistisch ist und ob Sie über die notwendigen materiellen und ideellen Ressourcen verfügen. Zu diesem Zweck analysieren Sie Ihre Stärken und Schwächen, die Chancen und Risiken sowie das Umfeld und die Situation.
Nur wenn Ihr Ziel konkret, präzise, terminiert, realistisch und persönlich erstrebenswert ist und wenn es zugleich positiv formuliert, schriftlich niedergelegt und kontrollierbar ist, aktiviert es Ihr Denken und Handeln.
Dann sollten Sie sich unverzüglich an die Umsetzung machen. Der Weg zum Erfolg geht aber nur über das eigene, aktive Tun. Wenn Sie Ihr Ziel nicht erreichen, suchen Sie mittels der Abweichungsanalyse nach den Ursachen. Sie wird zur Grundlage der neuen Zielanalyse.

30 ***Der Grad der Präzision, die Soll-Ist-Fähigkeit, der eindeutige Richtungscharakter, ist das, was ein Ziel von Absichten, Wünschen und Vorsätzen unterscheidet. Die genaue Analyse der Chancen und Risiken, der Stärken und Schwächen sowie der Situation und des Umfeldes erhöht die Wahrscheinlichkeit, ein gesetztes Ziel tatsächlich zu erreichen. Die eindeutige Abgrenzung von Grob-***

und Feinzielen, von Haupt- und Zwischenzielen zwingt zur Präzisierung und erhöht so die Umsetzungswahrscheinlichkeit.

3. So steuern Sie auf Ihr Ziel zu

Der Zielerreichungskreis ist ein gedankliches Modell, um von Menschen gewollte und geplante Abläufe dazustellen. Nicht immer vollziehen sich die Funktionen in sauberer linearer Abfolge. Manchmal muss aus einer Situation heraus rasch gehandelt werden, das heißt, es wird zuerst geschossen und dann gezielt.

Warum hat die Natur Ihren Kopf rund geformt?
Damit sich Ihre Gedanken im Zielerreichungs-Re- 30
gelkreis drehen! Um Ihre Ziele zu erreichen, müssen Sie diese im Regelkreis auf ihre Machbarkeit hin prüfen, Mittel und Wege planen, sich entscheiden und die Beschlüsse in die Tat umsetzen.
Die Funktionen Denken und Informieren verknüpfen die anderen Funktionen horizontal und vertikal. In jeder Funktion des Regelkreises steckt wiederum ein eigener kleiner Regelkreis.

4. Wie erreicht man seine Ziele?

Die Charaktere und Lebensläufe von Erfolgsmenschen sind genauso unterschiedlich wie die Art und Bereiche ihres Erfolgs. Viele Wege führen nach Rom und zum Erfolg. Das belegen seriöse empirische Studien aus den USA und aus Europa. Jeglicher Erfolg ist jedoch die F-o-l-g-e von Handlungen.

Wenn Sie Erfolg haben wollen, benötigen Sie eine Strategie, die sich von anderen unterscheidet, sonst ist sie wirkungslos.

Menschen mit Strategien und Zielen sind erfolgreicher als jene, die ziel- und konzeptlos agieren. Aber die Strategien und Ziele (und Begabungen) müssen mit Ehrgeiz und Antrieb kombiniert werden.

Wer Erfolg haben will, muss Risiken eingehen, aber keine waghalsigen Abenteuer. Erfolgsmenschen wägen Risiken und Chancen sorgfältig gegeneinander ab und bauen, soweit möglich, Sicherheitsnetze ein. Wer aber risikoscheu ist, der geht ein Zukunftsrisiko ein.

30 ***Statt immer wiederkehrende Probleme zu lösen, sollten Sie diese mit neuen Zielsetzungen endgültig beseitigen. Aber Ziele für sich bewirken noch keine Veränderung. Erst durch Ihr praktisches Tun treten Veränderungen und ein Fortschritt ein. Hierbei spielen der Zeitpunkt und die Umfeldsituation eine wichtige Rolle. Auch Pläne und Ziele***

allein sind kein Erfolgsauslöser. Sie sind eher einem Bauplan vergleichbar, auf dessen Grundlage ein Gebäude errichtet werden kann, vorausgesetzt, es wird Stein auf Stein gesetzt. Das Wichtigste ist also die Aktion, das täglich wiederkehrende Handeln und Zubewegen auf das Ziel.

Der Autor

Prof. Dr. Walter Simon lernte zunächst den Beruf des Drogisten, fuhr zur See und erwarb auf dem zweiten Bildungsweg die Hochschulreife. Dem schloss sich ein Studium der Wirtschafts- und Sozialwissenschaften an der Hochschule für Wirtschaft und Politik, Hamburg, sowie an den Universitäten in Hamburg und Frankfurt sowie an der Sophia-University in Tokio mit den Abschlüssen als Dipl.-Soz., Dipl.-Volkswirt und Dr. rer. pol. an. 1982 gründete er die Business Training University mit Sitz in Bad Nauheim. Von 1996 bis 2001 lehrte er Human Resources Management an der Fachhochschule Wiesbaden.

Prof. Dr. Walter Simon gehört zu den bekannteren deutschen Wirtschaftstrainern und -beratern. Er ist Gründungsmitglied im Q-Pool 100 – die offizielle Qualitätsgemeinschaft internationaler Wirtschaftstrainer und -berater e.V. – sowie Vorsitzender des Verbands für die Zertifizierung von Qualitätsmanagementsystemen und -standards e.V. Er gilt als Experte für Change-, Qualitäts- und Innovationsmanagement und hat zu diesen Themen zahlreiche Seminare und Projekte durchgeführt. Überdies ist er Autor von über 150 Artikeln und zehn Büchern zu gesellschafts- und personalpolitischen Themen. Zu seinen Kunden gehören Mittel- und Großunternehmen, Bundes- und Länderministerien, Krankenhäuser, Verbände, Stadtverwaltungen, Forschungseinrichtungen sowie Politiker im In- und Ausland.

Weiterführende Literatur

- Alexander Großmann: Erfolg hat Methode, Offenbach 1995
- Thomas J. Neff, James M. Citrin: Lessons from the Top, New York 1999
- Walter Simon: Managementkonzepte von A bis Z, Offenbach 2002
- Walter Simon: Ziele managen, Offenbach 2000
- Walter Simon: Lust aufs Neue – Werkzeuge für das Innovationsmanagement, Offenbach 1999
- Lothar J. Seiwert: Das neue 1x1 des Zeitmanagements, Offenbach 2000
- Reinhard K. Sprenger: Das Prinzip Selbstverantwortung, Frankfurt/Main 1996

Register